KB158248

마을로 간 신부

마을로 간 신부

초판 발행 | 2014 년 12월 20일
2쇄 발행 | 2015 년 3월 20일

지은이 | 정홍규
펴낸이 | 신중현
펴낸곳 | 도서출판 학이사

　　　　출판등록 : 제25100-2005-28호
　　　　주소 : 대구광역시 달서구 문화회관11안길 22-1(장동)
　　　　전화 : (053) 554~3431,3432
　　　　팩스 : (053) 554~3433
　　　　홈페이지 : http : // www.학이사.kr
　　　　이메일:hes3431@naver.com

ISBN _ 978-89-93280-89-0 03300

생태평화를 찾아

마을로간
신부

"사실 피조물은 하느님의 자녀들이 나타나기를
간절히 기다리고 있습니다."

- 로마 8.19

學而思 | 학이사

서 문

"미래의 화폐에서는 위대한 인물도, 위대한 건축물도, 피라미드와 만물을 응시하는 섭리(또는 신)의 눈같은 프리메이슨의 상징도 새기지 않을 것이다. 유로화의 익명이나 얼굴 없는 과학의 미학, 추상적 공허함도 새기지 않을 것이다. 거창한 구닥다리 디자인이 아니라 눈 덮인 산봉우리, 강물을 거슬러 헤엄치는 연어, 순록 떼, 우뚝 솟은 빙하, 숨 쉬는 숲, 어우러진 밀림, 약동하는 들판을 새길 것이다."

〈애드버스터스〉지의 창립자이자 편집장인 칼레 라슨의 말이다.

왜 인간이라는 종種은 우주진화의 방향으로 동행하지 않고 '역방향'으로만 치닫고 있을까?

인간은 우주가 가는 곳으로 가겠다는 선택을 하지 않을뿐 아니라 특히 교육마저도 우리에게 강요하는 경쟁의 게임이며, 우주가 나아가는 방향과 동떨어진 것이다.

더 위험한 것은 우리는 유전자 조작(GMO)을 통해 종자를 불임시키고, 젖소는 우유를 생산하는 기계로, 닭은 달걀 낳는 기계로, 소는 고기만 생산하는 기계로 변화시키는 것이다. 수십억 년 동안 실험과 자연 선택을 통해 형성된 유전부호를 인간이 체계적으로 대립해 왔기 때문에 우리가 처한 상황이 더 위험해지고 있는 것이다.

어머니인 지구 공동체의 신성한 실재들은 소비할 천연자원으로 격하되었다. 그래서 '하나의 종'에 불과한 인간이 지구가 1억 년 동안 생산한 것들을 150년 안에 모두 소비해 버리고 그 속도도 매년 빨라지고 있다. 지금 우리에게 던져진 재앙의 와일드 카드는 사상 처음으로 우리 종種이 지구의 생산능력보다 더 빠르게 소비할 힘을 성취하게 되었다는 점이다. 다르게 표현하면 가난하든 부유하든 인류는 1.5개의 지구에 해당하는 자원을 먹어치우고 있다. 그런데도 지구의 총생산은 확실히 감소하는데 인간의 총생산이 증가하는 것은 모순이 아닐 수 없다. 우리 지구는 사람의 탐욕을 채워줄 수가 없다.

어디 교육뿐인가? 영리목적의 대학, 대기업, 정부, 종교가 지속되는 '문화적 방향 상실'의 상태에 처한 것은 우리 스스로 우주가 향하는 방향으로 가려고 하지 않았기 때문이다. 가장 두려운 것은 우리가 처한 상황을 스스로 초래하였다는 사실이다. 마치 앞에 빙산이 있다는 것을 알려주는 증거가 많았음에도 불구하고 누구도 그 방향과 진로를 바꾸기를 원하지 않았던 타이타닉호의 침몰처럼 우리는 이미 '한계초과'를 넘어 돌진하고 있는 것이다.

학생들에게 꿈이 무엇인가 하고 물으면 즉시 '취업', 학과를 선택한 이유를 설명해 보라고 하면 딱 잘라서 '취업! 취업이 잘 되잖

아요'라고 대답한다. 그들이 필요한 것은 학점이지 자유교양이나 인문학이 아니다. 그런 것들은 취업을 하기 위한 장식물일 뿐이다. 마우스를 슬슬 문지르고 스마트폰을 터치하고 클릭하면 만사가 끝나기 때문이다. 지식권력이 더 이상 대학에 있지 않아 다행이다. 지식과 문화를 이리 비비고 저리 섞어도 '우주의 유전부호' 그 자체는 편집할 수가 없다.

만약에 우리가 생명의 역사를 담은 돌 스트로마톨라이트에게 다가가서 '꿈이 무엇입니까' 하고 물으면 무엇이라 대답할까? 그분은 이렇게 말할 것 같다. "네 꿈이 이루어지도록 '지속성과 연속성'이 꿈"이라고 조용히 깨우쳐 줄 것이다. 스트로마톨라이트의 꿈은 지속성과 연속성이다. 35억 년 전 그 앞에 스트로마톨라이트의 사이노박테리아가 생산한 '산소'가 지속적으로 대기 속에 21% 유지되고, 우리 아이들의 아이들이 한처음 우주빅뱅의 설계에 동참하는 것이 지구의 꿈이다. 이 꿈은 어린 손녀를 둔 우리 할머니들의 꿈이기도 하다.

이 책에 등장하는 이야기의 다면체는 꿈에 대한 이야기들이다. 영천 오산자연학교와 산자연학교 그리고 처음부터 가슴에 성호를 긋지 말고 비주류에 서라는 대학의 강의, 동물축복식, 유채꽃 등의 이야기들은 인간 중심적 세계관(문화부호)에서 거슬러 생태 중심적 세계관(ecozoic, 유전부호)으로 돌아가자는 귀향(homecoming)의 양피지이다. 이 책의 모든 이야기가 '생태평화'의 지점에서 똑같은 거리에 있다.

양피지는 나중에 쓴 글자를 지우면 본래의 글자가 나타난다. 가까이서 숲속 달팽이의 길을 보면 구불구불하게 언뜻언뜻 보이지만 높은 곳에서 보면 조그만 길이 합쳐져 묵묵히 나아가는 큰 길을 형성한다. 우리 아이들이 계속 나아갈 수 있는 자격이 있는가를 결정하는 인류의 마지막 행진이 예기치 못한 갈림길 너머로 빛나는 길이 뻗어 있을 지도 모른다.

우리는 그러한 발걸음을 내딛으려는 찰나에 있다.

우리의 스트로마톨라이트는 다음 세 가지를 우리에게 묻는다.

우리는 어디에 있는가?

우리는 누구인가?

우리는 어디로 가는가?

하앙 꿈바우 공설시장에서
정 홍 규

차 례

1부 _ 스트로마톨라이트의 꿈

우리가 매일 먹는 음식문화의

근본적인 쇄신 없이는

구제역의 해결책은 요원하다.

폭력적 식사인 너무나 과한 육식에서

'비폭력적 식사'로,

즉 어떻게 식사의 균형을 잡느냐 하는 문제이다.

보다 근원적인 문제는

오히려 동물착취를 통한 이윤만을 생각하는

인간의 경제적 탐욕이

지금의 부메랑으로 돌아온 것이다.

1부

스트로마톨라이트의 꿈

생태 전사(Eco-Warrior)
성녀 힐데가르트 수녀

2012년 10월 7일에 교황 베네딕토 16세께서는 '사도적 서한'을 발표하였다. 이 서한은 힐데가르트 수녀가 탄생한 지 914년 만이고 수녀님이 귀천한 지 833년 만에 나온 셈이다. 거의 1천 년이란 시간의 흐름 속에서 민중의 성녀였던 힐데가르트 수녀가 교회의 보편적인 성녀의 반열에 공식적으로 등장하게 된 것이다. 놀랍지 않은가! 역사 속에 사라질 수도 있었던 12세기의 힐데가르트 수녀가 21세기에 재탄생할 수 있었던 이유가 무엇인가? 그 900년의 역사를 살펴보면 하루아침에 '위로부터' 성녀가 된 것이 아니라 '아래로부터' 성녀가 서서히 되어 왔음을 우리는 알 수 있다.

힐데가르트 수녀가 살아생전에도 시성을 고려한 움직임도 있었다. 그녀가 귀천하신 후 1160년대부터 성녀의 축일을 위해 전기를 저술하였고, 아울러 성녀의 경축기도를 위해

쓴 전례용 노래가사도 있었다고 한다. 현재 독일 코블렌쯔 州 고문서실에 보관되어 있는 루페르츠베르크 수녀원에서 1227년에 제출한 시성청원 서류를 살펴보면 이미 교황 그레 고리우스 9세(1227-1241)께서도 시성에 대한 긍정적인 답이 있 었고, 1243년 11월 24일 교황 이노센트 4세는 오히려 시성을 독촉할 정도였다. 그러나 시성은 이루어지지 않았다.

우리가 역사적으로 고려해야 할 점은 루페르츠베르크 수 녀원이 소속되어 있었던 마인츠교구에서 무슨 이유인지 의 도적으로 시성을 질질 끌었고 힐데가르트 수녀의 축일을 받 아들이기를 꺼려하였다는 점이다. 1178년 그녀가 세상을 떠 나기 일 년 전에 죽은 귀족 청년을 루페르츠베르크의 묘지 에 묻어 준 사건으로 인해 마인츠 교구참사회의와 대결을 하였고 그로 인해 수녀원의 성무집행 금지조치도 있었다.

독일인이었던 교황 베네딕토 16세께서는 누구보다도 같은 핏줄인 힐데가르트 수녀에 대해서 잘 알고 있었을 것이다. 이 사도적 서한은 "성 베네딕토 수도회 수녀인 빙엔의 성녀 힐데가르트를 보편교회의 박사로 선포함을 영원히 기념하 기 위하여"로 시작된다.

2012년 5월 27일 성령강림 주일, '신앙의 해'가 선포되기 전날이며 주교 시노드 총회가 시작된 날에 다음과 같이 선 포하였다.

"많은 동료 주교들과 전 세계의 수많은 신자들의 소망을 채우면서, 시성의 의견을 들어 확실히 알아보며 충분히 숙고하여, 나는 완전한 사도적 권한으로 교구 사제인 아빌라의 성 요한과 베네딕토회의 수녀인 빙엔의 힐데가르트가 보편교회의 박사임을 성부와 성자와 성령의 이름으로 선포합니다."

시에나의 성녀 카타리나(1347~1380)는 1970년에, 아빌라의 데레사(1515~1582)는 같은 해 9월에, 그리고 1997년에 선임된 리지외의 데레사(1873~1897)에 이어 여성으로서는 가장 먼저 태어나신 분이 가장 늦은 4번째에 교회박사로 선임되었다.

교황 베네딕토 16세께서는 교황 요한 바오로 2세가 1979년에 빙엔의 힐데가르트 성녀의 서거 800주 년을 기념하며, 이 독일 신비가를 "자기 백성과 자기 시대를 위한 빛"이라는 말로 묘사하였음을 자신의 서한에서 재인용하였다. 그리고 교황님은 그녀의 메시지가 오늘날 세계에 대단히 시의적절한 이유를 다음과 같이 설명한다.

"오늘날의 세계는 그녀가 제안하고 실천하였던 가치들에 특히 민감합니다. 신학적 연구에 생생한 자극을 주는 힐데가르트의 카리스마적이고 사색적인 능력 그리고 그리스도의 신비에 대한 훌륭한 묵상이 그러한 예입니다. 아울러 우리는 문화·과학·당대의 예술과 교회 및 신학 사이의 대화,

인간 완성의 한 가지 가능성으로써 봉헌된 삶에 대한 이상, 삶의 축제로서 전례에 대한 평가, 구조의 공허한 변화가 아닌 마음의 회개로서 교회 개혁에 대한 그녀의 견해 그리고 자연에 대한 그녀의 민감성 등을 예로 들 수 있습니다."

　우리는 이 말씀에서 교회가 빙엔의 힐데가르트에게 보편 교회의 박사라는 칭호를 부여한 이유를 알게 되며 왜 우리가 힐데가르트 수녀의 영성을 주목해야 되는지를 깨닫게 된다. 그리고 교황님은 오늘날 세계에서 힐데가르트가 특히 여성들에게 매우 중요함을 지적하시고 여성의 가장 고결한 가치를 드러냄에 따라 과학적 연구와 사목적 활동의 전망이란 양면에서 새 복음화의 확실한 증인이 된다고 선언하신다.

　교황 프란치스코의 현대 세계의 복음 선포에 관한 교황 권고 '복음의 기쁨'(2013년)을 이미 살아온 표지를 들어 보라고 한다면 단언컨대 힐데가르트 수녀라고 말할 수 있다. 왜냐하면 이 수녀는 성령으로 충만한 복음 선포자로서 수녀원 담장 안에서 교회 쇄신, 그리고 수녀원 담장 밖으로 사회적 대화와 통합을 전체적으로 일구어낸 혁신 CEO였음을 다음의 세 가지를 통해 알 수 있다.

오늘날 수도원들은 자신들의 경제적인 문제를 해결하기 위해서 갖가지 구원사업을 벌이고 있다. 교황 프란치스코는 "이러한 영적 세속성은 안 된다"고 비판하시면서 이 세속성은 세 가지 가면으로 나타나는데 영지주의와 프로메테우스적인 신펠라기우스주의, 그리고 '교회의 공간을 장악하려는 의도'를 지닌 수많은 태도를 지적하신다. 그리하여 폐쇄적인 엘리트 집단이 되어 복음적 열정은 더 이상 없고 자아도취와 자기만족의 공허한 쾌락만이 남는다.(《복음의 기쁨》 95항)

그러나 힐데가르트 수녀는 1150년에 빙엔 근처의 루페르츠베르크의 언덕에 수도원을 직접 건축하였고, 라인 강 반대편에 평민들을 위한 아이빙엔 수도원도 설립하였다. 수녀원 안에서 힐데가르트는 수녀들의 자연과 조화된 레시피로 영적·물질적 건강을 보살폈고, 독특한 방법으로 특히 예술로써 공동체 생활과 문화, 전례를 육성하였다. 더욱 놀라운 것은 중세 여성으로서는 공적으로 나설 수 없는 지극히 제한된 신분이었지만 카타리파의 이단적 성향에 대결하였다. 그녀의 비전에 기초한 신학 3부작과 전례, 자연과학과 음악 심지어 그림을 통해서 교회 혁신을 촉진하고, 중세사회의 공동선과 사회참여를 통하여 단호한 쇄신을 가져왔다. 그녀는 고령과 투병 중임에도 불구하고 네 차례의 선교여행을 다녔다. 마인츠, 트리어, 뷔르츠부르크, 쾰른, 메츠 등과 대도시의 대성전에 설교를 하는 등 사도적 결실을 거두었다.

곧 전사 힐데가르트 수녀는 사회를 변화시키려면 거리에 나가라는 메시지를 전한 것이다.

힐데가르트는 '우주 이야기'를 노래하였다

•

가톨릭 신학에서 우주라고 하면 떼이야르 드 샤르뎅 신부(1891~1955)와 토마스 베리 신부(1914~2009) 그리고 빅뱅맨 르메트르 신부(1894~1965)를 떠올릴 수 있다. 망원경과 현미경이 발명되기 이전에 신비주의자 힐데가르트 수녀는 그리스도교 신앙에 대한 전체적인 통합으로써 우주론을 제시하고 있다. 성녀는 자신이 알고 깨달은 비전에 따라 우주의 기원에서 종말론적 완성에 이르기까지 구원에 대한 개요를 성녀의 세 번째 저서 『세계와 인간』(1165~1174년)에서 설명하고 있다.

"모든 창조물은 서로 다른 것들과 연계되어 있다. 모든 존재는 서로 다른 존재를 통해 유지된다."(『세계와 인간』, 「세계의 창조에 대하여」 비전 32)

이 책의 내용은 세계와 인간 안에 이루어지는 하느님의 작용에 대한 열 개의 비전에 각각 소제목을 붙여 그림을 통해

내용을 설명한다. 첫 번째 부분에서는 우주와 결합된 존재로서의 인간, 또한 소우주로 존재하는 인간에 대해 서술한다. 두 번째 부분에서는 우주와의 관계, 창조와의 관계에 대한 인간의 책임감을 다룬다. 세 번째 부분에서는 구원사를 다룬다. 우주 인간의 상相과 우주에 영향을 주는 힘들의 상相이 인간과 창조의 상호의존관계를 분명하게 한다.

한 걸음 더 나아가 성녀는 자연학적 저술도 하였는데, 요사이 유행하는 건강식품이나 웰빙레시피에 관한 지식을 모은 것이 아니라 자신의 우주신학에 따라 자연에 대한 지식을 규정하고 치료법을 배정하였다. 프란치스코 교황의 서한에도 열거한 것을 살펴보면 '원인과 치료', 그리고 '자연학'이다. 또 힐데가르트의 예술적, 과학적 작품은 주로 음악에 관한 '천상적 계시의 조화로운 심포니'이다.

"교회는 사제와 수도자와 평신도들을 모두 이러한 '동행의 예술'로 이끌어야 합니다." (복음의 기쁨 169항)라는 것에서 알 수 있듯이 힐데가르트 성녀의 작품에는 다른 어떤 교부들에게서 찾아볼 수 없는 '예술'이 녹아있다. 프란치스코 교황이 신앙 성숙 과정의 동행과 '아름다움의 길(via pulchritudinis)'로써 예술을 활용하고 독려하는 것은 우리 시대 복음화를 위한 디자인이다.

그러므로 독일의 신비가神秘家 힐데가르트의 영성은 그 시대의 이원론과 달리 인간의 체성과 물질성도 긍정적으로 제시하며, 인간 육체의 약함에도 하느님의 섭리라는 가치를 부여한다. 성녀의 키워드는 통섭이며 전일적이다.

"영혼은 수분이 온 나무에 젖어 흐르듯이 온몸에 젖어 흐른다. 수액이 나무를 푸르게 하고 꽃 피우게 하고 열매 맺게 하듯이"(Scivias 133)

힐데가르트는 생태 시대의 에코전사Eco- Warrior다

12세기의 수녀가 21세기에 호출된 것은 토머스 베리가 그의 저서 『지구의 꿈』에서 명명한 생태 시대(ecological era)를 위하여 우리의 행동양식을 변화시키는데 필요한 에너지를 성녀에게서 찾을 수 있기 때문이다.

첫 항해를 떠난 타이타닉호 이야기를 비유로 들어보면 우리 시대가 처한 긴박한 상황을 감지할 수 있다. 앞에 빙산이 있다는 것을 알려주는 증거가 많았다. 그럼에도 불구하고 누구도 진로를 바꾸기를 원하지 않았다. 사람들은 배가 괜찮을 거라고 믿고 있었다.

과연 우리는 진로를 바꿀 수 있겠는가? 기후변화라는 전대미문의 지구재앙에 대해 진로를 수정하고 지속가능한 생태 시대의 문을 열 수 있어야 한다. 아직 두 가지 선택을 앞두고 우리는 여전히 문지방을 못 넘고 있다. 더 이상 시간이 없다.

핵심은 경제적 사유의 코페르니쿠스적 '의식의 전환'이며 성녀 힐데가르트 수녀가 물질과 정신사이의 통합적 연계를 받아들이는 과학적 종교적 지식의 통합체로 이미 12세기에 우리를 안내하였는데 지금 우리 교회는 정신과 물질의 통합에 근거한 우주 이야기를 받아들이는데 아직도 상당한 시간이 걸릴 것으로 보인다. 또 석유, 물고기, 숲, 광물 등 지구의 자연자본을 팔아치우면서 이것을 소득이라고 부르는, 지구의 살림을 맡은 자가 저지를 수 있는 가장 어리석은 잘못을 우리가 저지르고 있다.

문제는 진로를 수정할 수 있는 시간이 얼마 남지 않았다는 사실이다.

석유정점에 의해서 생태계 서비스가 작동하지 않으면 지구 경제는 멈춰 설 것이다. 이미 꿀벌이 생태계의 생명 유지 장치를 작동하지 못하고 있다.

아인슈타인이 이렇게 경고하였다.

"꿀벌이 지구상에서 사라지면 인간은 그 뒤로 4년밖에 생존할 수 없다. 꿀벌이 사라지면, 수분이 이루어지지 않고, 식물이 사라지고, 동물이 사라지고, 인간이 사라진다."

구제역을 예방하는
동물축복식을 제안하며

　구제역口蹄疫 발생으로 우리 동네, 영천 화남면과 화북면에 있는 종돈장뿐만 아니라 크고 작은 농장의 소나 돼지가 구제역 예방이라는 이름으로 과잉 도살 처분되었다. 살처분되기 전날 우리 동네 돼지들은 어떻게 낌새를 챘는지 밤새도록 울었다.

　제프리 메이슨은 동물들의 감정생활을 조사하였는데 동물들도 사람처럼 운다는 것이다. 이 조사처럼 우리는 이번 구제역 사건 때에 소와 돼지들이 우는 것을 보았다. 새끼가 잡히거나 죽으면 돌고래가 울고 코끼리도 운다. 우리 학교에서도 야생에 살던 고라니 새끼를 주워 키운 적이 있었는데 결국은 죽고 말았다. 동물을 잡아 무리에서 떼어 혼자 놓아두었기 때문이다. 이들 사례는 동물의 감정 또한 인간만큼 풍부하다는 것을 보여준다.

　말년에 찰스 다윈은 특히 동물의 사회적 본성과 감정 심지어 도덕적 책임까지 관심을 가지고 관찰했다. 그러나 동물들이 감정이 있고 본질적인 가치가 있다는 사실을 받아들이지 않고 이를 거부한 것은 인간초월성과 가톨릭교회의 교리에 의해 강화되어 왔다. 그리스도교와 데카르트가 그 원조이기도 하다. 오직 영혼의 구원에만 관심을 쏟았고 그 밖의 것은 구원의 범주에서 제외시켰기 때문이다. 예를 들어 인간만이 불멸의 영혼을 가지고 있고 하느님의 모상을 본떠 만들어졌다는 것이다. 나머지 것은 다 열등하고 하등하다는 것이다. 직접적인 구제역의 발생에 그리스도교의 책임은 없지만 강우일 주교님이 지적하신 것처럼 우리 그리스도인이 인간답게 그리스도인답게 식사는 하고 있는가? 과연 동물권 전체와 우호적인 관계를 맺는 식사를 지향하고 있는가에 대한 우리의 물음이다.

우리나라에는 2000년에 구제역이 처음 발생하였고 2002년과 2010년, 2011년에 거의 대재앙 쓰나미처럼 우리의 삶을 강타했다. 2010년 11월 29일 경북 안동에서 시작된 구제역 사태는 65일 동안 지속되면서 최장기最長期 기록을 세웠다. 구제역은 명품 한우韓牛 산지인 강원도 횡성군 둔내면에 있는 축산기술연구센터까지 번졌다. 강원도 고성, 경남 김해시, 충남 예산, 경북 안동과 포항 등 5,216농가에서 구제역이 발생했다. 살처분은 총 3백만 마리에 달하고, 조류 4백만 마리까지 합치면 이만저만 큰 사태가 아니었다. 살처분 보상금과 방역비 등도 2조원을 넘어선 것으로 추정된다. 대략 열 마리 가운데 두 마리는 땅에 묻혔다는 이야기다. 얼마나 많은 닭과 돼지 그리고 소가 살처분당했는가? 그 매뉴얼 때문에 죽지 않아도 될 동물들도 살처분되었다. 살처분이라는 말은 우리 양심의 가책을 완화시키는 말이다. 살처분은 우리 인간 중심주의 쪽의 용어이고 동물 쪽에서 보면 대학살이다.

이미 1975년에 나온 피터 싱어의 『동물해방』에서는 기본적 평등원리를 종에게까지 확대하자고 촉구한다. 여기서 말하는 평등은 인간과 똑같은 권리를 주자는 말이 아니라 본성에 따라 배려하자는 '배려의 평등'이다. 최대의 이윤을 얻기 위한 '동물 공장식 농장'은 동물에 대한 인간의 폭정이라고 피터 싱어는 말한다. 스스로 말할 수 없고 연대할 수 없고 '가장 가난하고 힘없는 동물에 대한 우선적 윤리'를 고려해야 한다고 역설하였다. 그래서 이 구제역의 문제는 짐승, 백신, 방역과 소독, 매몰과 살처분, 살균의 문제만은 아니다. 구제역의 문제가 경제에 총체적인 치명타를 준 것은 사실이지만, 이 문제의 해결책을 자꾸 돈 문제 즉 보상금이나 경제적 수지타산만으로 접근해서는 안 된다는 것이다. "구제역인데 고기 먹어도 되나요?", "소고기 값 올라가겠네! 삼겹살 먹어도 돼요?" 이런 물음들은 더욱 아니다. 우리가 매일 먹는 음식문화의 근본적인 쇄신 없이는 구제역의 해결책은 요원하다. 폭력적 식사인 너무나 과한 육식에서 '비폭력적 식사'로, 즉 어떻게 식사의 균형을 잡느냐 하는 문제이다. 보다 근원적인 문제는 오히려 동물착취를 통한 이윤만을 생각하는 인간의 경제적 탐욕이 지금의 부메랑으로 돌아온 것이다.

구제역의 근본적인 해결책은 생명가치 측면인 '배려의 평등성'에서도 찾아야 하고 토마스 베리 신부님이 요청한 '생태대[1]'의 관점에서도 봐야 한다. 역설적이게도 이런 대재난을 겪고 난 다음 또 다시 경제적 참호를 구축하는데 힘을 쓴 것이 아니라 근본적인 방법으로 동물권을 포함하여 생물권 전체를 다시 인식하게 되었다는 것이다. 전례 없는 일이다. 어디 누구도 구제역에서 도망칠 수가 없다. 문제의 핵심은 동물권이나 식물권을 포함하여 지구 생명권 전체 즉 생태대 의식과 우리 모두 공감을 이룰 수 있을까 하는 문제이다.

성찰과 동반

•

도대체 인간은 어디에서 왔으며 어디로 가는가? 우주 이야기 속에서 인간은 동물들에게 무엇인가? 존재론적인 물음이

---

1) '생태대'란 지구공동체 전 구성원들의 친교를 바탕으로 '황폐해진 지구를 치유하는 시기'를 의미한다.

참으로 필요한 시대이며 복합 오염된 생태위기에서 왜 구제역이 발생하였는가에 대한 근원적인 성찰이 필요하다. 이러한 현실을 앞에 두고 우리 교회는 어떻게 해야 하는가? 그리스도교는 동물해방에 대해서 구체적으로 어떻게 신학적, 윤리적으로 동반해야 하는가? 십계명으로 동반하기에는 부족하지 않는가? 구제역과 '세상의 죄'와 '사회적 죄'는 어떤 연관성이 있는가? 성체를 영하는 것과 육식하는 것 사이를 어떻게 봐야 하는가? 과연 성직자와 수도자들이 보신탕을 먹으면서 '성체'를 영할 수 있는가에 대한 생태적 회개와 생태적 고해성사의 실천이 요청된다.

동물을 구원의 방주(창세 7, 1-5)에는 넣을 수 없는가? 불교의 '희생 동물 천도재'에 비해 우리는 동물을 위한 연도와 연미사는 가능한가? 이제 우리는 신학적으로 동물을 다루면서 동물해방신학에 대한 성경적 근거(창세 9, 9-10)는 무엇인가? 하느님은 노아와 계약을 맺고 그리고 너희와 함께 있는 모든 생물, 곧 방주에서 나와, 너희와 함께 있는 새와 집짐승과 땅의 모든 들짐승과 내 계약을 세운다고 하지 않았는가? 노아처럼 계약의 표징인 무지개를 구제역을 치유하는 계약의 상징으로 세울 수는 없는가? 복음적 이상理想으로써 에덴동산의 음식인 채식(창세 1, 29-30)을 선택할 수는 없을까? 이사야서 11장 6절에서 9절은 맹수와 새끼 양과 어린이와 함께 어울려 놀 수 있는 이상적인 생명 공동체를 그리지만 그리스도교의 동물관은 매우 인간중심적인 관점을 드러낸다. 떼이야르 드 샤르뎅 신부와 토마스 베리 신부는 우주만물이 하나의 동일한 원천에서 나왔기에 모든 것은 유전자적으로 친척관계로서의 인간으로 보았다. 그러므로 윤리의 영역을 확대하는 것이다. 곧 이웃의 범위가 인간을 넘어서는 것이다. 성 프란체스코는 태양을 형제라 불렀고, 힐데가르트 수녀는 땅을 어머니라고 노래했다. 그리고 힐데가르트 수녀는 이 우주를 알(cosmic egg)로 그려냄으로써 모든 생명을 하나의 유기체로 보았으며 비인간과 인간, 살아있는 것과 살아있지 않는 것을 분리하는 이원론을 받아들이지 않았다.

구제역의 문제는 생태적 불의의 문제이며 알도 레올폴드의 생태양심의 문제이며 생태정의의 문제이다. 그러므로 종교가 구제역의 근본적인 대책에 동참을 꼭 해야 한다. 2011년의 구제역의 동물들은 말이 살처분이지 홀로코스트 대학살임에 틀림이 없다. 대학살에 대한 우리의 윤리적 기준이 있는가? 불교의 불살생 윤리는 이 기준에 적용할 수 있지만 그리스도교의 살인하지 말라는 십계명은 부적합하다. '사람을 죽이지 말라'의 '살인'과 '생명을 죽이지 말라'의 '살생'은 근본적으로 차원이 다르다. 그리스도교는 불교의 불살생의 윤리를 11계명으로 보완해야 된다고 본다. 왜냐하면 교황 베네딕토 16세께서 2008년에 발표한 전통적 칠죄종을 보완한

'신칠죄종'에는 환경파괴, 윤리적 논란이 있는 과학실험, DNA조작과 배아줄기 세포연구, 마약거래, 소수의 과도한 축재, 낙태 그리고 소아성애인데 동물학대에 대한 죄종은 빠져있기 때문이다. 이번에 나온 주교회의 정의평화위원회 환경소위원회에서 나온 '창조질서 회복을 위한 우리의 책임과 실천'에서도 동물윤리에 대한 문제가 누락되어 있다.

우리 윤리는 다음과 같은 문제를 더 동반해야 한다

·

야생초목의 환경조건과 토종씨앗, 다른 동물의 수가 다국적 기업과 유전자 생명공학 기술적 장치의 지배 아래에 있다. 1초당 약 16마리 꼴로 약품개발, 독성검사, 스트레스 실험, 생활용품 안전검사 등을 위해 희생된다.

그리스도교는 인간중심주의 윤리에서 '온 생명윤리'로 포용되고 확대될 때 지금의 구제역이나 유전자 조작식품문제를 해결할 수 있는 잣대를 잴 수 있다. 이 잣대를 세우기 위해서 우주 속에 동식물과 인간의 위치를 우선 살펴보자.

우주 이야기 속의 동물의 위치

·

우주 이야기를 더 실감나게 이해하기 위해, 우주 탄생 후 130억 년의 세월을 365일로 구성된 일 년과 동일한 것으로 상상해 본다면 진화의 연속 과정에 대한 전체 시각을 갖는 데 도움이 될 것이다. 세이건의 『에덴의 용』에서 우주력 곧 '우주 시계'에는 130억 년에 걸친 우주의 생애가 단 일 년이라는 시간 안에 압축되어 있다. 이 시계에 따르면 지구 역사상 10억 년은 우주 역사에서 24일 정도에 해당할 것이다. 말하자면 빅뱅이 1월 1일에 발생했다고 칠 때, 기록된 역사 전체는 12월 31일 새해가 오기 직전인 마지막 10초 안에 맞아들어가게 된다. 세이건은 우주 시계에서 새로운 생명체의 등장, 다양화와 복합화 과정을 설명한다. 고대인들이 이해했던 바와 같이 자연은 끊임없이 새로운 것을 탄생시킨다. 그 이야기는 대체로 다음과 같이 진행된다.

· dc71 1월 1일 → 빅뱅

· dc71 5월 1일 → 은하수, 은하의 기원

· dc71 9월 9일 → 태양계의 기원

· dc71 9월 14일 → 지구의 형성

· dc71 9월 25일 → 지구상 생명의 기원

· dc71 10월 2일 → 지구상 가장 오래된 바위의 기원

· dc71 10월 9일 → 가장 오래된 화석의 날짜(박테리아와
　　　　　　　　　청록색 해조류)

· dc71 11월 1일 → 성의 형성(미생물들에 의해)

· dc71 11월 12일 → 가장 오래된 화석 광합성 식물

- dc71 11월 15일 → 진핵세포 번창(최초의 유핵세포)
- dc71 12월 1일 → 산소 대기가 지구상에서 발달하기 시작함
- dc71 12월 5일 → 화성에서 대규모 화산과 수로가 형성됨
- dc71 12월 16일 → 최초의 연충
- dc71 12월 17일 → 전 캄브리아대 종말. 고생대와 캄브리아대가 시작됨. 무척추동물 번창
- dc71 12월 18일 → 최초의 해양 플랑크톤. 삼엽충 번창
- dc71 12월 19일 → 오르도비스기. 최초의 물고기와 척추동물
- dc71 12월 20일 → 실루리아기. 최초의 맥관 식물. 식물들이 대지로 이식하기 시작함
- dc71 12월 21일 → 데본기 시작. 최초의 곤충. 동물들이 대지로 이주하기 시작함
- dc71 12월 22일 → 최초의 양서류. 최초의 날개 달린 곤충
- dc71 12월 23일 → 석탄기. 최초의 나무. 최초의 파충류
- dc71 12월 24일 → 이첩기 시작. 최초의 공룡
- dc71 12월 25일 → 고생대 끝남. 중생대 시작
- dc71 12월 26일 → 트라이아스기. 최초의 포유동물
- dc71 12월 27일 → 쥐라기. 최초의 조류
- dc71 12월 28일 → 백악질기. 최초의 꽃. 공룡 멸종
- dc71 12월 29일 → 중생대 종말. 신생대와 제3기 시작.

최초의 고래류. 최초의 영장류

· dc71 12월 30일 → 영장류의 두뇌 속에서 초기 정면 돌
출부 진화. 최초의 인류. 거대 포유동
물 번창

· dc71 12월 31일 → 선신세 제3기 종말. 홍적세와 완신세
기. 최초의 인간

인간은 한 해의 가장 마지막 날이 되어서야 등장했으며,
모든 기록 역사는 최후의 10초 안에 맞아 들어가게 된다. 진
화가 진행되는 가운데 가장 놀라운 특징 중 하나는 생물 발
전의 각 단계의 속도가 가속화한다는 것이다. 광합성을 하
는 박테리아가 만들어지기까지는 약 39억 년, 곧 지구 역사
의 8/10에 해당하는 시간이 걸렸다. 식물과 동물의 발달 전
체는 지구 역사상 최후의 1/9에 해당하는 부분에서 발생했
다. 육지 동물의 역사에서 인간은 그 시간의 단지 일부분, 곧
40만 년 정도만을 장악하며, 이 기간은 지구 역사의 1퍼센트
의 1/10에도 못 미치는 것이다. 이 우주달력에서 인간은 어
디에서 왔는가? 그리고 동물은 인간에게 선조가 아닌가! 동
물과 침팬지의 DNA는 98%가 같다는 사실이다. 우리는 동
물과 연결되어 있다. 인간은 짐승으로부터 진화되어왔다.

이 우주달력에서 보면 '인종차별'이나 '성차별' 그리고

'종차별'이 얼마나 허구인가를 알 수 있다. 인종이나 성 그리고 종이 하나의 단일한 빅뱅에서 태어났으며 별의 원소를 우리 모두 같이 공유하고 있다. 우리 모두는 분리되지 않는 하나이다. 그러므로 우주는 객체의 집합체가 아니라 주체들의 공동체이다. 각 동물도 생명의 주체이다. 동물권리론을 주창하는 톰 레이건은 동물학대나 동물복지를 넘어 아예 동물을 해방하자고 주장한다. 인류역사에서 노예해방이 그랬던 것처럼 동물을 모든 빗장에서 해방시키자고 역설한다. 유럽연합은 "동물실험을 다른 방법으로 대체하도록 각별한 노력을 서둘러야 한다."고 선포한 최초의 정부이다.

동물권리운동은 세계적인 징표이다. 교회가 사목적으로 동반해야 한다.

동물을 좋아했던 아씨시의 프란체스코 성인은 우리에게 '우리의 두 번째 탄생'을 호소하고 있다. 이 탄생은 인간중심주의로부터의 자유이기도 하다. 우리는 오히려 이 지구상의 생명과 아름다움의 멸종에 대해서 단계적으로 촉구해야 한다. 그리하여 지금 구제역을 통한 우리의 최고의 시험대는 우리 자신이 자연과 함께 공생하도록 하는 것이고, 우리가 모든 생명과 전체적 조화와 존중 속에서 사는 것이다. 왜냐하면 우리는 자연 안에서 하느님을 깨닫고 있기 때문이다. 자연은 하느님의 성서이다. 이를 실현하기 위해서 우리는 실존, 영성, 하느님이 모든 것에서 존재하듯 모든 것은 신 안에 존재한다는 기본적인 이해를 말하고 있는 '만유내재신론'을 포용해야 한다. 만유내재신론은 범신론이 아니다. 이런 영성의 탄생이 지구를 회복시킨다. 그리고 행동을 옮기기 위해서는 생물윤리의 원칙들이 영성과 신학, 즉 만유내재신론에서 나와야 한다. 인간과 동물의 자리를 신우주론에서 배워야 한다. 우주진화에 있어서 인간만이 사는 독불장군은 없다. 우주는 하나의 단일성을 이루며 인간과 동물은 하나의 빅뱅에서 진화되었다.

우리는 지구 존재이고 인간 존재다. 우리를 인간이게 하는 것은 우리 지구와의 연결성이고 우리의 느낌과 행위, 겸손 그리고 인간애이다. 우리 지구의 연결성은 신성한 것이다. 그 연결은 우리를 육체와 영혼 속에 지탱해주어 우리 영혼이 특히 생명과 사랑의 우주와 친밀한 교제를 즐기게 해 준다. 그리고 늑대, 종다리, 새들의 노래만큼이나 흥겹다. 인디안 추장 블랙엘프가 충고하듯이 마치 한 마리의 노루가 살아 움직여 자기 할 일을 하는 것과 같이 우리가 세계의 힘과 조화를 이루어 사는 것을 배울 때 우리는 행복할 것이다. 잔인함이 있었던 때는 부조화가 있었고 교만, 무지 그리고 탐욕이 있었던 곳에서는 우리 지구의 연결성이 깨어졌다. 그리하여 우리의 단절된 영혼들, 공동체에 대한 굶주림이 지배와 통제를 갈망하고 또 갈망하게 되고 육체와 영혼을 병나게 한다.

인간이 된다는 것은 모든 존재에게 자비로움을 갖는 것이고 우리 모든 지구의 이웃들 즉 개, 늑대, 돼지, 쥐, 매, 나무, 풀들 앞에서 낮아지는 것이다. 인간은 나무를 필요로 하지만 나무는 인간이 필요하지 않다. 이 모든 것을 존중으로 대우하기 위해서는 자비, 정의, 평등주의, 겸손, 그리고 존중함으로써 우리가 얻는 것보다 더 많이 생명에 응답을 받을 것이다. 그리고 구제역과 조류독감, 광우병은 생태윤리의 부재에서 나온 것이다.

전 세계에서 한 해 5억 마리 정도의 동물들이 마구잡이로 희생되고 있다. 이 동물과 식물로 인해 살아있는 지구가 지탱되는데도 말이다. 우리 인간의 영적 상태와 마음을 비추어 보라. 이러한 구제역의 비극과 조류독감의 실상이 우리에게 우리의 과식, 폭력적 생활양식, 기계적 세계관과 공장식 축사에 대한 결과를 인식하도록 호소하고 있다. 마하트마 간디가 충고하듯이 당신이 변화 자체가 되어야 하고 당신이 세상에서 보기를 원한다면 또 변화가 마음 안에서 일어나야 한다. 기후변화와 기후혼돈이라는 형태로 무섭게 속도를 올리고 있는 엔트로피라는 괴물과 충돌하고 이때에 구제역은 분명히 위기이지만 새로운 가치를 창조할 수 있는 기회이다. 그것은 생태 평화 교육이다. 이 모든 것을 위해서는 생태대 의식 교육이 우선 되어야 한다.

사목적으로 동물축복식은 고려할 만하다고 본다. 필자는 10년 째 동물축복식을 하고 있다. 10월 4일 성 프란체스코 축일 때에 동물축복식을 하면 더욱 좋을 것이다. 왜냐하면 프란체스코 성인이 동물을 좋아하였고, 1979년 요한 바오로 2세가 성 프란체스코를 생태운동의 주보성인으로 선포하였기 때문이다. 축복예식은 제2차 바티칸 공의회의 결의에 따라 개정 공포된 축복 예식서(1986년 1월 24일 교황청 인준 제21장) 동물 축복의 전례를 따라 하면 좋을 것이다.

사람의 축복, 건물과 신자들의 축복, 전례와 신심을 위한 성물의 축복, 신자들의 신심을 증진시키기 위한 물건들의 축복 등이다. 그나마 동물의 축복이 있다는 것은 다행한 일이다. 주교좌 성당에서 축제를 하면 더욱 좋을 것이다. 주교님의 집전으로 이 축복식을 하는 것을 미국 샌 프란치스코 대성당에서 본 적이 있다.

각 교구 주교좌 성당에서 동물축복식을 타 종교와 연대하여 거행한다면 특히 신세대 밀레니엄 세대에게 동물뿐 아니라 다른 피조물에게까지 확대되는 새로운 생태평화운동의 장을 마련하는 획기적인 계기가 될 것이다.

담장 허물기

경북 경산 성당과 대구 고산 성당은 담장이 없다. 단순히 환경미화사업으로 물리적 담장을 허문 것은 결코 아니었다. 그리고 담장 하나 허문다고 교회가 변화되거나 쇄신되는 것은 아니다. 더 중요한 것은 교회가 세상을 바라보는 틀과 사목 패러다임의 전환으로써의 담장허물기이다. 본당의 문턱이 높아서 들어가기 부담스러운 특구가 아니라 동네 사랑방 같은, 복덕방 같은 누구에게나 친근한 마당이나 아이들의 놀이터 같은 곳으로 리모델링하기 위해서는 사목자의 신학과 영성이 무엇인가에 달렸다. 화려한 예배나 교회와 사찰을 보라! 주변 소외된 이웃이 무엇을 느끼겠는가?

담장허물기도 세상과 본당이 소통하는 한 가지 방법이지만 담장을 허문 자리에 '아름다운 가게'처럼 지역사람이면 누구든지 참여할 수 있는 리사이클 센터인 '소박한 가게'(고산 성당)나 '오병이어 가게'(경산 성당)를 만들어, 익명으로 살아 가는 아파트 속의 사람들이 서로 얼굴을 마주하는 지역공동 체 운동의 장을 만들었다. 한걸음 더 나아가 공정무역(fair trade)과 유기농 직거래 매장을 열어 본당과 지역을 연결하는 가교로써 '성체성사의 사회적 실천'을 구현하는 작은 생명 경제 구조라고 볼 수 있겠다. 고산 성당은 '생명의 공동체' 라는 마켓이름으로 경산 성당은 '산처럼'이라는 이름으로 생태운동과 농촌살림의 예언적 역할을 담당하고 있다. 문제 는 사목자들이 성체 공경이나 성체 신심을 강조하면서도 일 용할 양식인 밥 즉 GMO(유전자조작식품), 식량위기, 육식, 수 입농산물 등 이른바 올바른 먹을거리와 아무런 관계가 없다 고 생각하는 것이다. 교회가 사회적 기업 즉 착한 소비, 윤리 적 소비 그리고 착한 패션 등 창조보전과 녹색산림을 진작 시켜야 한다.

사실 한국의 많은 본당들이 평일미사 전후의 신심행위 모 임과 토요일과 주일미사 전후로 건물을 활용하지만 본당의 좋은 공간들은 늘 텅 비어 있다. 적지 않은 본당들은 오후시 간에는 사람이 거의 보이지 않는다. 어떻게 하면 사람들이 제 집 드나들듯 성당을 다니게 할 수 있을까? 많은 경비를 갹출하여 지은 본당의 공간들을 어떻게 지역사회의 삶과 연 결시킬 것인가? 큰 과제로 남는다. 내 생각은 본당을 지역에

개방하고 문화와 소통하라는 것이다. 지역 사회를 위한 사목 프로그램 개발이 시급히 요청된다. 문화센터, 지역 아동센터, 영성 치유센터, 청년 문화센터 그리고 영성 체육센터 등 얼마든지 발전소를 돌릴 수 있다. 본당은 사목자의 것도 아니고 교우들의 것도 아니고 지역의 것이다. 경산 본당은 현재 매주 금요일 지역민을 위한 친환경 식사 사목을 하고 있다.

고산 성당 담장 허물기

·

　필자는 2002년 2월에 대구 수성구 고산 본당에 부임하였다. 본당 역사가 한 20년, 성당부지 약 5백 평, 레지오마리애 신심이 주축이면서 주일미사 참여자 수는 고학력 젊은 층이 많고 아파트 일색인 약 천 명 정도, 대구 수성구는 정치적으로 아주 보수적이면서도 교육열은 아주 높은 이른바 학군이 좋아 몰리는 서울 대치동 같은 곳이다. 고산 성당뿐만 아니라 거의 모든 종교가 정치나 교육에 전혀 영향을 주지 않는다. 오직 종교적인 것만 추구하고 지역 중심의 친교보다도 사적인 관계나 본당 중심적인, 수직적 관계가 지배적인 신앙구조가 주류를 이루는 본당이다.

　성당의 위치가 아파트단지로 들어가는 길목에 있기 때문에 마을의 지킴이처럼 느껴질 수 있는 본당이었다. 왜냐하면 출·퇴근할 때에도 성당 앞으로 다니고 아이들도 성당 앞을 지나서 학교에 다니기 때문이었다. 그래서 어떻게 하면 성당과 지역의 경계를 분리하지 않고 신앙과 지역사회를 자연스럽게 연결시킬까 하는 과정에서 담장 허물기가 시작되었다. 시작은 물리적인 담장 허물기이지만 한걸음 더 나가서 거룩한 것과 속된 것을 분리하는 신앙의 이원론적 구조를 해체하고 신앙과 생활의 통합을 의미하는 상징적인 담장 허물기였다. 이 허물기는 종교적인 것만을 추구하는 수직구조에서 지역과 동행하는 수평구조라고 보면 좋겠다.

보안이나 안전문제로 수녀원측에서 그리고 본당의 원로들이 걱정과 우려를 하였지만 아직까지 담장 허물기로 인한 도난이나 무슨 사건은 한 번도 없었다. 때마침 본당 담장 허물기는 대구시 정책과 딱 들어맞았기 때문에 예산을 전액 지원 받았다. 담장을 허문 자리에 쥐똥나무나 오죽을 심었고, 성당 대문에는 문 대신에 큰 느티나무를 심어 동네의 보호수처럼 느끼게 하였다.

지금의 성당은 마치 도시의 그린벨트처럼 지역사람들의 숨구멍 역할을 한다. 담장 허물기를 한 다음 고산 본당은 지역노인대학, 지역문화아카데미, 소박한 가게, 유기농 마켓 공동체 그리고 지역 환경운동을 통한 지역과 열린 본당으로서 닫힌 신심에서 열린 신앙으로 업그레이드를 모색하였다.

경산 성당은 그 역사가 57년이 되는 오래된 본당이며 인구 25만이 되는 경산지역의 모본당이며 8개 본당으로 분가가 되는 바람에 교우들이 지쳐있는 본당이라고 생각된다. 필자는 고산 본당의 소임을 마치고 바로 인근에 있는 경산 본당으로 왔다. 고산 본당은 대구시 소속이며 경산 본당은 경상북도에 소속된, 바로 학군이 좋은 대구의 경계지역에 있어촌도 아니고 도시도 아니면서 학군 때문에 대구로 위장전입할 수밖에 없는 경계의 본당이다. 오래된 본당이 대부분 그런 것처럼 혈연과 지연, 텃새와 신심이 두터운, 연령대가 높은 층이 많지만 정이 많고 연미사가 적지 않으며 사제에 대한 존경심이 높은 본당이다. 본당의 전반적인 분위기는 죄중심과 구원 중심의 신심생활로 인해서 소극적이고 배타적인 면과 부정적인 태도가 높은 편이었다.

경산 본당은 경산역 바로 옆에 있고 성당 대문을 제외하고는 성당건물이 막혀 있는 답답한 본당이다. 필자는 성당 뒤에 교장사택 부지가 있는 것을 보고 부임하자마자 5억을 빚내어 250평의 이 부지를 매입하고 막힌 담을 헐어 동네 주차장을 만들었다. 침체되어 거리가 죽은 동네가 환해지고 성당이 이쪽저쪽으로 통하는 통로가 되니 학교에 등교하는 아이들이 이 통로를 이용하고 지역의 지름길이 만들어진 셈이다. 바로 주차장 옆에 장사가 안 되어 문을 닫아버린 중국집을 임대하여 유기농과 공정무역 동네 카페를 만들어 모든 이의 쉼터가 되도록 하였다. 지금의 본당은 밝고 긍정적이고 포용력이 넓어졌다. 지금 경산 성당은 매입한 새 부지에 지역아동 발달센터와 생태유치원 즉 유아학교를 준비 중이다.

예수님의 담장 허물기

•

예수께서는 단지 종교적인 것만을 구현하지 않았다. 마르코 복음 1장과 2장의 카파르나움에서 하루의 삶을 압축한 것을 보면 예수께서는 사람을 끌어 모으려고 성당 안에서만 계시지 않았다. 회당에서 집으로 그리고 온 지역에서 심지어 산으로, 다른 지역으로 두루 다니시면서 하느님의 나라를 선포하셨다. 예수께서는 그 당시의 종교인이 생각하는 거룩함의 경계를 무너뜨렸다. 예수께서는 시장의 성화(요한 2, 13-21)뿐 아니라 성과 속, 안식일법과 자유를 넘나들면서 속인법이나 속지법 그리고 대리구의 담장을 허물었다. 예수님께서는 사마리아인과 사마리아까지 활동하셨지만 지금의 본당은 수녀원, 교육관, 사제관, 성당이 건물로써 움직이지 않는다. 제2차 바티칸공의회는 건물이나 지배적 위계로써 교회를 정의하지 않았다. 공의회는 바로 하느님의 백성을 교회로 정하고, 소공동체도 부분이 모인 무더기가 아니라 유기적 전체를 드러내는 작은 교회인 것이다. 본당의 경계를 허문 담장 허물기는 새로운 교회상을 만들려는 힘찬 시도였다.

어느 주일날 새벽미사를 마치고 성당 마당에 나가보니 흰 페인트로 글이 휘갈겨져 있었다.

"성당에 연꽃이 웬 말인가 본당신부 회개하라."

황당하고 어이가 없었다. 사실 이 꽃은 연꽃도 아니고 수련이었다. 연꽃이었다 하더라도 꽃은 꽃이 아닌가! 꽃은 누리면 된다. 연꽃은 곧 불교의 상징 꽃이란 고정관념 때문에 성당에서는 다른 꽃은 몰라도 연꽃은 안 된다는 생각이 결국 이런 사건을 유발케 하였는지 모른다.

성당에 담장을 헐고, 아이들이 성당을 가로질러 학교로 지나가는 모습을 지켜보았다. 등하굣길 아이들을 위해서 무엇을 할까 하는 생각 끝에 항아리 10개를 준비하고 수련을 담았다. 물 위에 피어있는 수련을 보는 순간 행복해하며 디지털카메라로 사진을 찍는 등 공부에 지친 아이들이 꽃을 즐기는 모습이 보기에도 좋았다. 그런데 누군지는 모르지만 이 꽃 항아리에 독한 것을 뿌렸는지 수련들이 다 죽고 말았다. 난감하였지만 다시 항아리들을 다 씻어내고 항아리에 꽃을 담는데 또 누군가 더 독한 무엇을 집어넣어 꽃들이다 죽게 되었다. 난 그 이후로 수련을 성당에 두지 않았다.

무서운 것 중에 참으로 무서운 것은 배타주의이다. 이것은 다양성을 존중하지 않는 마음이다. 무엇보다도 종교 안에 담고 있는 다양한 진리의 아름다움을 받아들이지 않는 종교적 배타주의야말로 종교적 자폐증이다. 포도에 대한 동서양의 이름은 달라도 맛은 같지 않는가? 어떤 종교 진리가 각각 종교적, 문화적 전통에 따라 다양한 양식으로 표현하든 근본은 같다고 생각한다. 진리에 무슨 우열이 있고 선후가 있는가? 각 종교가 가진 부분적 진리를 이데올로기화 하는 것이 종교적 근본주의라고 생각한다. 이 세상에 마지막으로 사라져야할 이데올로기가 종교적 근본주의이다. 흐르는 강물은 하나이지만 그 물을 마시는 우물은 다양하지 않는가? 각 종교가 가지고 있는 물맛은 교리가 무엇이라고 표현하든지 간에 근본적으로 같다고 본다. 왜냐하면 종교도 이 우주의 진화과정에서 나온 산물이기 때문이다.

수련이든 백합이든 연꽃이든 다양한 아름다움을 지금 누리고 즐기는 것이 천당이고 극락이다. 죽어서 누리는 것이 아닌.

마을로 간 신부

처음부터 대안학교를 하려고 한 것은 아니었다. 아이들과 자연과의 관계를 만들어 주기 위해서 폐교에 자연학교를 시작하였다. 2003년에 다크호스dark horse처럼 폐교에 엉뚱한 발상을 한 것이 시작이었다. 다크호스는 경마용 용어이다. 처음에는 두각을 나타내지 못하지만 결승점에 가까워질수록 검은 말이 치고 나가며 본색을 드러낸다는 뜻이다. 대안학교는 다크호스라고 생각한다. 시작할 땐 별로였는데, 뜻밖에 결과를 내는 대안학교가 한국교육을 혁신하는데 다크호스가 되기를 바라는 마음이다.

대개의 경우 신부님들은 성당에서 미사하고 정해진 자리에서 일을 한다. 틀을 깨는 것이 대안의 시작이며 창조의 바닥이다. 내가 사는 곳은 성당이 아니라 전형적인 시골 과수원 마을이다. 경북 영천 보현산 기슭이다. 동네 입구의 버려진 초등학교 폐교를 고치고, 수리하고 다듬어서 소박하게 아이들과 살았다. 산에 가서 나무도 하고, 불도 때고 안 해본 것이 없었다.

가정에서, 학교를 통해서 마을학교를 만든 셈이다. 한 아이를 동반하기 위해서는 온 마을과 우주가 필요하다. 대안학교가 잘 되기 위해서는 지역과 마을을 품에 안아야 된다. 사례를 소개하면, 자살률이 제일 높았던 서울시 노원구가 자살률을 제일 낮춘 이유는 지자체, 학교, 마을 주민이 혼연일체가 되었기 때문이다.

이 동네는 햇살이 좋아 사과가 맛있고, 밤에는 별빛이 아주 맑아 겨울에는 시리우스, 오리온, 목성이 밤하늘을 아름답게 수놓고 있다. 우리 농촌이 그렇듯이 아이들은 거의 없고 동네 어르신만 주로 과수농사를 하고 있다. 우리 동네에 있는 자천중학교도 곧 통폐합된다고 하니까 농촌은 인적 물적 자원이 날이 갈수록 빈곤해진다.

오산국민학교는 1967년 3월 1일 개교하여 졸업생 514명을 배출하고 1992년 3월 1일에 폐교하였다. 다시 10년 뒤인 2003년 11월 23일 자연학교로 부활하고 2007년에 대안학교로, 2014년 3월 1일부터 인가형 대안학교로 진화하게 되었다. 산자연학교가 성공할 수 있었던 비결은 인가형 대안학교가 되어서가 아니라 폐교된 학교 즉 아이들이 농촌을 떠나는 현실에서 거꾸로 아이들이 농촌을 다시 선택하여 도시와 농촌을 연결 짓는 생태형 대안학교라는 점이다.

　도농을 연결 짓는 이유가 있다. 필자 역시 도시 성당에서 일하다가 이 시골에 들어와 지내지만 동네학교가 폐교 되어가고 아기 기저귀는 찾아볼 수 없는 불균형의 현실은 건강하지 않다고 생각한다. 우리가 먹는 모든 밀가루 음식, 빵과 라면의 자급률은 2%밖에 안 된다. 우리의 식량자급률이 20%도 안 된다. 오산자연학교는 문을 연 이래 적어도 식탁과 간식에서 유기농을 일관하고 있다. 학교식단의 먹을거리의 일관성과 통일성이 학교성공의 관건이다. 지역사회의 친환경급식조례에 참가하는 것도 아주 좋은 대안학교의 애티튜드라고 생각한다. 자급자족이 없는 도시와 산업문명은 붕괴될 수밖에 없다. 모든 문명이 무너진 곳에는 생태적 심장마비가 있었다. 예컨대 로마문명, 유프라테스문명, 마야문명, 이스터 섬 등은 지금 아주 위태위태하다. 대안학교의 비전은 생태적 공동체를 어느 정도 일구어내느냐에 달렸다.

　이 산자연학교는 10년 전에 동네의 사과창고였다. 운동장은 고추말리는 장소였다. 학교지붕이 허물어져 비가 샜는데, 이 학교를 보는 순간에 '여기다!' 생각했다. 왜냐하면 그당시 폐교를 수십 군데 찾아 다녔기 때문이다. 처음에 시작할 때 왜 사서 고생하느냐고, 과연 여기에 무슨 학교가 되겠느냐고 부정적인 태도를 보인 사람이 많았다. 그러나 나는 폐교라고 흔히 부르는 이 학교에 다른 시각을 가지고 접근하였다. 이 폐교를 보지 않았던 것이다. '다른 창조적인 플러스알파'를 매겨보려고 교실에서 밤하늘의 별을 보며 잠도 자보고 이 지역의 풍경을 탐사하였다. 마이너스에서 플러스를 만들어내는 것이 창조이다. 아이들이 떠나버린 폐교에, 동네 노인밖에 없는 농촌현실에 다시 아이들이 운동장에서 마음껏 뛰어놀고, 예전처럼 동네에 새로운 활력을 불러일으킬 수 있는 꿈을 꾸게 된 것이다. 그 소박한 꿈이 이루어지게 된 것이다. 꿈을 계속 꾸면 이루어진다. 혼자 꿈을 꾸면 개꿈일 수 있지만 같이 꾸면 기적을 만들어낸다. 희망은 꿈꾸는 자의 몫이다. 자신의 플랫폼platform, 무비를 만들면 판이 찾아온다. 판이 판을 키운다. 꿈을 꾸는 자는 자신의 플랫폼을 만들어 간다!

'타고난 관심(추억이나 행복)과 잠재력에 열정'을 결합시켜 오늘날 이런 작은 자연학교를 생태와 마을 그리고 영성을 '통섭'한 경험에서 말하면 흔히들 학부모들은 리모컨처럼 이리저리 생각을 돌리며 '아이의 국영수 성적이 몇 점 될까?' 등 90점을 못 받을까봐 두려워한다. 막판에는 4년제 대학에만 들어가면 된다는 식이다. 지금 우리가 관심 있게 바라볼 문제는 성적이나 대학에 있는 것이 아니라 아이의 관심과 열정을 점화시킬 수 있는 '동기뇌관'(켄 로빈슨의 엘리먼트: element)이 무엇인지 주의 깊게 바라보는 것이다.

교육은 좋은 환경이나 시설 즉 공간과의 싸움이 아니라 시간과의 싸움이다. 교육은 참으로 시간이 필요하다. 특히 대안학교에 오는 아이들은 교과과정이나 환경설비조건보다도 관계를 배우는 시간이 절실히 요구된다. 아이들의 시차가 다르기 때문이다. 발효와 뜸이 필요하다.

나는 이 폐교가 성당이라고 생각하고 살았다. 대도시 아이들이 이 학교에서 토종닭처럼 건강하고 자유롭게 자신의 내재된, 잠재된 욕구를 발산한다. 혼자 게임기에 빠져 외롭거나 짜증내지 않고, 이 학교에서는 형과 동생들이 한 가족처럼 하루하루가 경이롭고 놀라운 이벤트를 만들어주어야겠다는 마음으로 이 학교에 50대의 열정을 쏟아 부었다. 2003년 처음에는 봄, 여름, 가을, 겨울 4계절 학교를 하기도 하고 주말에만 자연학교를 하기도 했다. 여름방학 때는 아이들과 산과 들, 시냇가에서 놀았다. 여름이 오면 감꽃을 가지고 목걸이도 만들고 팔찌도 만든다. 학교의 교과서는 바로 자연이다. 산, 땅, 바람, 햇살, 매실, 수달, 왜가리 등이 아이들의 교재이다. 여름밤에는 반딧불을 보며, 개미와 은행나무열매, 애기똥풀로 염색을 배운다. 자연이 바로 수학이며 국어이며 예술이다. 곧 아이들에겐 자연이 만능스승이다. 벌집과 벌을 보며 은하수를 공부한다. 이렇게 지내다보니 '이렇게 학습을 할 수 없을까? 이런 프로그램을 지속가능하게, 자연 속에서 자연스럽게 교육을 해보자.'라는 생각이 들었다. 2010년에는 아예 성당을 떠나 여기로 와서 아이들과 함께 생활을 하였다. 여기에까지 오게 된 이유는 두 가지 배경이 있다.

통섭

나는 이 호칭을 참 좋아한다. 일반적으로 신부님들은 성당에서 상주하면서 일을 한다. 물론 성당도 성당이지만 진리가 성당 안이나 법당 안에만 있지 않다고 생각한다. 학습도 어떻게 사각형의 교실 안에서만 있을 수 있을까? 이 애티튜드가 통섭의 시작이며 밥상보 혹은 퀼트, 패치워크patchwork의 시작이다. 크로스오버, 믹스앤드매치, 컨버전스, 하이브리드를 마구 섞는 것이다. 대안학교 교사는 콜라브레이션을 넘어 통섭과 하이브리드, 패치워크의 대가여야 한다.

『생각의 힘』의 저자인 루트먼스타인 교수는 창조적인 사람은 트랜스포머라고 했다. 곧 변형을 잘하는 사람이다. 한 우물을 파되 다른 것 동종과 이종을 잘 섞는 사람이다. 어떻게 진리가 한 문서에, 그때 그 장소에만 있다면 진리가 진리라고 말할 수 있겠는가. 진리는 온 천하에, 산천에, 이 우주에 우리가 늘 체험하는 자연의 아름다운 현상과 현장에 있다. 신은 자연이며 아이들이며 가을의 추수이며 봄의 새싹들이며 여름의 작열하는 태양이며 겨울에 별을 바라보는 아이들의 '동심'이다. 자연은 우리가 읽어야 할 교재이자 먹어야 할 양식이며, 미래세대가 가꾸어야 할 문자메시지라고 생각했기에 이 마을에 들어오게 된 것이다.

통섭하라! 컨설리언스 하라! 믹싱을 하되 교육에 예술을 마구 통합하라! 대안학교의 힘을 빼라는 것이다.

통섭에는 3가지가 있다. 첫째는 단순배치나 열형 대결형 통섭, 둘째는 변형형 통섭, 혹은 결합형 통섭 셋째가 창조형 통섭 패치워크이다.

위기

기후위기와 환경위기, 경제위기를 걱정하지만 가장 큰 위기는 인적 자원인 교육의 위기다. 이런 위기일수록 '창의성과 잠재력'의 발굴이 중요하다. 미래의 가장 큰 자원인 우리 아이들이 망가지고, 행복하지 않고, 갖가지 중독으로 아프고, 특히 너무나 외로워하고 그러다가 결국은 경쟁 프레임 속에 갇혀 버리고, 학교 폭력으로 치닫게 되는 악순환이 반복되고 있는 현실이다. 어떻게 하면 우리 아이들이 행복해하고 자신의 내재된 잠재력을 일깨울 수 있을까?

특히 최근에 이런 현실 속의 우리 아이들을 두고 우리는 흔히 심리적 자폐증이라고 부르기도 하고, 문화적 자폐증이라고 하기도 한다. 자폐증을 어렵게 생각할 필요는 없다. 누구에게나 그런 경향이 조금씩은 있기 때문이다. 자폐증은 서로 통하지 않는다는 것이다. 심리적 자폐증은 의사소통의 빈곤이다. TV 개그프로그램의 멘붕 교실이 대표적인 풍자이지만 아이들의 말이 단답이다. 무엇을 물으면 아이들은 돌직구를 날리는 것이다. 시원시원하다. 빙빙 돌리지 않는다. 대안학교는 논리가 아니라 관계이며 허세나 폼이 아니라 호감도이며 거품을 빼고 진정성과 솔직함이다. 말은 못해도 쾌도난마, 편안함, 그리고 교사는 어깨에 힘을 빼라는 것이다. 빈곤 중에 가장 큰 빈곤은 의사소통의 빈곤이다. 왜 아이들이 디지털 게임에 빠질까? 휴대폰을 귀신같이 사용하는데 실제로 인간관계에 있어서는 통하지 못하고, 답답하고 왜 의사소통이 안 될까? 더욱 모순인 것은 아이들이 잠을 자면서도 휴대폰을 손에 쥐고 잔다는 것이다. 이러한 모습은 자신의 이야기를 들어줄 사람이 없기에 더욱더 기계에 의존하는 것이다.

휴대폰을 손에 들고 자는 이유는 대화는 하고 싶은데 내 이야기를 들어 줄 사람이 없기에 더욱 우리 주머니 속에 있는 작은 기계에 매달리는 역설을 보게 된다. 이 의사소통의 빈곤인 심리적 자폐증의 원인 중에 하나가 문화적 자폐증인데 문화적 자폐증은 자연결핍장애에서 나온다. 요사이 유행하는 힐링, 디톡스(즉 독을 뺀다), 리시피라는 말들은 자연결핍장애에서 나온 것이다. 아토피나 ADHD(과잉행동증후군)도 자연결핍에서 온 것이다. 닌텐도게임을 하면 곧바로 싫증을 내지만 아이들은 대나무나 싸리나무를 주면 종일 몰두하여 재미있게 작업을 한다.

여기에 자연학교를 하게 된 이유가 있다. 자연학교에는 확신이 있다. 아이들과 자연과의 연결을 우리가 한다면 아이들은 새로운 탐구력과 공감력(메리 고든 『공감의 뿌리』) 그리고 창의성으로 지금 우리가 처한 증상과 위기들을 풀어 가는데 실마리가 될 수 있다. 아이들의 인성도 좋아지고 수업에 대한 동기화가 잘 된다.

사례 1

게임 중독과 디지털의 문제

경기도에 사는 한 중학생이 부모님과 함께 입학상담을 하러 왔기에 친환경 기숙사와 식당, 교실 등 학교의 여러 곳을 보여주었다. 그리고 그 남학생에게 "좀 적적해 보이지? 촌스럽지 않나?"라고 물었다. 그 아이는 괜찮다고 대답했다. 문제는 우리 학교에서는 일체의 전자매체를 사용할 수 없다고 하는 순간 그 아이의 얼굴이 아주 갑자기 굳어졌다. 결국 그 중학생은 휴대폰 사용금지 때문에 자연학교에 들어오지 못했다. 많은 부모들이 자녀의 게임 중독 때문에 고민을 할 것이다.

우리 학교는 기숙사형이라서 등교하는 일요일 저녁부터 집으로 돌아가는 금요일 오후까지 TV나 게임기, 컴퓨터, 휴대폰, 심지어 MP3까지도 사용하지 못하게 한다. 심심하지 않을까 혹은 답답하지 않을까하고 생각하는 사람들도 있다. 그래도 아이들은 잘 지낸다. 아이들이 심심해야 서로 대화하고 스토리텔링의 힘을 배우고 서로가 협력해서 어떤 재미있는 꺼리를 창조한다. 그래서 '아이들을 심심하게 만들라는 것'이다. 모자라게 하고 결핍되게 하라는 것이다. 적절한 불편이 교육이다. 친절과 편의의 과잉 시대이다. 기다릴수록 재미있고 부족하고 무심할수록 더 끌린다는 것이다. 곧 불편을 주라는 것이다.

아이들이 휴대폰이나 다른 전자기계들은 아주 잘 다룬다. 그러나 문제는 대화를 하지 않으려고 한다는 것이다. 아이들은 폰 안에 몸을 집어넣고 삭제도 하고 다듬는 스크린 위의 삶을 산다. 서로 만나서 생생하게 대화를 해야 공감을 하고, 자신의 느낌을 표현해야 갈등도 해결하고 심지어 마음의 상처를 해결할 수 있는데 접속만 하려 한다는 것이다. 휴대폰을 통해서 우울하고 꿀꿀한 감정을 마비시킬 수 있고, 휴대폰을 통하여 문자로 표현을 할 수 있지만 외로운 감정자체는 해결할 수도 없다. 학교에서 일절 휴대폰을 사용하지 않게 하는 것은 아이들을 휴대폰과 분리하여 생활할 수 있는 힘을 키우는 것이다. 이것은 다른 사람과 접속해야 내가 있다는 것보다는 홀로 스스로 서야 다른 사람과 제대로 만날 수 있다는 정서적인 홀로서기를 위해서다.

가능하다면 가정에서도 명상을 할 수 있는 방을 하나 만들어 이곳에서는 휴대폰을 사용할 수 없고 오직 혼자 있게 하는 것도 좋을 것이다. 아이들은 예컨대 휴대폰 문제처럼 단호하고 명확하게 경계를 지어주면 반드시 해 낸다. 아이들 주위에 다양하게 깔려있는 각종 전자기기를 다룰 수 있는 능력을 키우기 전에 먼저 선행되어야 할 것은, 어릴수록 숲속에서 야생 음식을 먹으며 캠핑을 통해 단체생활을 배워 스크린보다는 자연을 더 체험해야 할 것이다.

대안학교에 간다는 것은

아직도 대안학교하면 학교에 탈락한 아이들이 가는 곳, 문제아들이 가는 곳, 부적응한 루저, 낙오자들이 가는 곳이라는 편견이 아주 강하다. 주류에 끼지 못하고 오죽하면 대안학교를 갔겠냐는 등 부정적인 시선이 지배적이다. 실제로 학부모들이 대안학교를 나와서 사회에 부적응하면 어떻게 하나 하고 두려워하고 조바심을 내고 불안해한다.

새들도 나무가 흔들리면 알을 품지 않는데, 요즈음의 학부모들이 자녀에 대해 너무 조바심을 내고, 속도를 내고, 오직 하나의 잣대로 대학을 가기 위한 학습 점수로만 후려치니 아이들의 창의성이 완전 고갈되어가는 것이다. 예를 들면 선행학습과외가 그렇다. 선행학습은 결국 학교를 무력화시키고 교사와 학생 간의 관계도 힘들게 만든다.

아이는 아이대로 발달 과정에서 체험해야 될 아름다움을
놓치고, 청소년이 되어서는 청소년대로, 젊은이는 젊은이대
로 공부하다가 스펙을 쌓는데 모든 시간을 보낸다. 그래서
잠재적 가능성을 개발해야 될 시기에 창의성과 탐구심, 공
감력과 협동심 등을 놓쳐버리게 된다. 대안학교는 공교육을
문제로 삼는 학교가 아니다. 오직 아이들의 다중지능을 지
켜보고 국·영·수만큼 음악과 미술, 좋아하는 춤이나 여행
등을 통해 스스로 체험하게 해서 변화를 위한 잠재력이 폭
발적으로 점화되는 시기를 기다려 주는 것이다.

풀은 잡아당긴다고 절대 빨리 자라지 않는다.

대안학교 학생들 중에 학교를 다니기 싫어하는 아이들은,
학교를 싫어하는 것은 아니라 학교가 자신의 관심과 열정을
연결시켜주지 못한다는 것이다. 탈학교 아이들! 중도 학업
포기가 아니라 학업중단을 선언한 학생이 무려 27만 명이나
된다. 국·영·수 과목의 성적이 낮다고 아이의 미래를 단정
지은 것이다. 부모의 이런 생각이 아이들을 무기력증과 절
망의 학습을 겪게 한다. 일반 학교에 적응하지 못한 아이들
이 원하는 요리와 노래, 춤, 디자인, 승마, 애니메이션 등을
배우게 해 개인적인 관심사의 학습 '동기 뇌관'에 불을 붙이
니 스스로 혼신을 다하는 것을 보았다. 스스로 행복해지고
자신이 진짜 누구인지 자신의 삶의 목적이 무엇인지 깨닫게

된 것이다.

아이들의 학습뇌관을 획일화시키는 순간 이른바 남들과 똑같이 되려고 노력하는 순간, 아이들의 광채와 발광 어쩌면 미래의 진보와 변화까지 사라지게 될 것이다.

지금도 많은 학교에서는 서울대 등 소위 명문대에 진학한 학생의 이름을 교문 앞에 붙인다. 그러면 그 대학에 들어가지 못한 아이들의 잠재력은 어떻게 되는 것일까? 슬픈 것은 우리 아이들의 숨은 끼나 잠재력이 사장되고 있다는 사실이다. 이런 획일화야말로 창의성을 죽이는 것이다. 학교가 몇몇 학생들의 내신점수를 끌어올리려고 오히려 나머지 학생들을 낙오자로 만드는 것은 아닐까?

우리학교를 비롯한 많은 대안학교는 사각형 교실과 사각형 시험지에 갇힌 아이들에게 '이 아이의 잠재력은 무엇인가? 이 아이의 창의성을 어떻게 발굴할 것인가?' 등 타고난 재능을 학교가 주려고 하지 않고 스스로 친구와 협동하여 금을 캐듯 캐내게 한다. 당연히 각 개인의 평가방식도 다를 수밖에 없다. 자신만의 보고서, 포토폴리오, 프리젠테이션, 지역기반학습, 현장학습 등 지능을 평가할 수 있는 작업을 하게 된다. 일반 학교에서 적응하지 못했던 아이들이 자신의 목표가 무엇인지 알고부터는 눈의 광채가 달라짐을 보았다. 솔직히 신부라고 귀하고 채소장사한다고 천한 것은 아니다. 사람의 귀천은 직업이나 자리가 만드는 것은 결코 아니다. 자신이 만드는 것이다.

대안학교는 문제가 없을까?

·

대안교육이 교육의 전부는 아니다. 공교육과 대립되는 것도 아니다. 이 위기의 시대에 필요한 그들의 창의성을 그들이 살아야 할 미래를 꿈꿀 수 있도록 도와주는 것이다. 대안교육의 특수성과 공교육의 보편성을 서로 어떻게 연계할 것인가 하는 것이 과제이다. 대안학교끼리 연대와 통합을 넓히고 공교육과도 지역기반에서 연대하면 좋을 것이다. 아이들을 살리기 위해서는 수단과 방법을 총동원하는 것이다. 부모를 통섭시키라는 것이다. 이제 대안학교에도 위기가 오고 있다는 것이다.

우리 산자연학교에서도 문제가 자주 일어난다. 어쩌면 문제 속에 진정한 해결책이 있을 것이다. 문제가 창의적 방법을 배우는 소스가 되기도 한다. 아이들은 완벽하지 않아 실수하고 실패를 통해서 배워간다. 문제를 통하여 성장하고 치유와 화해의 길을 배워가는 것이다. 이것은 어른도 마찬가지다. 아이들은 싸우기도 하고 욕도 한다. 이런 일로 부모들끼리 다투고 심지어 학교를 떠나기도 한다. 가슴 아픈 일들이 많았다. 하루에도 몇 번씩 천당과 지옥을 왔다갔다한다. 천당과 지옥이 한 방에 있었다.

아이들의 평가도 다양한 접근을 하듯이 우리가 일상생활에서 벌어지는 문제들의 해결책도 좀 더 근원적으로 다양하게 접근한다. 우리가 원하는 것을 강요나 명령이 아닌 학생의 선택을 존중하면서 비폭력적으로 부탁하면 성질이 급한부모들은 도리어 오해하기도 한다. 아이들 싸움에 무슨 가해자와 피해자가 있겠는가.

분노를 자아내고 자존감을 떨어뜨리는 모욕을 주는 말 대신에 공감과 연결을 가져오는 방법을 활용한다. 폭력과 폭언을 치유하는 레시피는 '공감'이다. 이를테면 같이 길을 걸어간다, 한없이. 아이의 마음을 읽어내기 위해 산행을 같이한다, 대화가 풀릴 때까지. 때론 반 전체가 40배, 108배를 한다. 신부라고 이래라 저래라 간섭이나 강요, 훈계, 특히 수치심을 유발시키거나 비교하면, 아이들은 마음으로부터 멀어졌다. 스스로 한없이 낮아지지 않으면 늘 아이들과의 관계에서 실패하였다.

한번은 회초리로 아이를 때린 적이 있었는데, 한 달 내내

가슴이 아프고 자책감 때문에 그 아이와 눈을 맞추기가 어려웠다. 그래서 남학생들 몇 명과 함께 온천에 가 사우나를 하면서 그 아이에게 남자가 소중하게 사용해야할 세 가지를 말했다. "하나는 주먹인데 진정한 남자는 마음을 쓰는 일이고 주먹을 사용하는 것은 사나이가 아니다. 그 다음엔 혀를 잘 사용해야 돼. 말이 현실화되니까 욕을 하지 말고 비폭력으로 대화를 하면 네가 말하는 것이 이루어진다, 마법처럼. 그리고 생식기인데 네가 이 세상에 나온 이유이기도 하고 미래에 또 하나의 생명체를 탄생케 하는 생명의 도구이다." 그리고 사우나 실에서 그 아이에게 사과를 했다. 그 아이는 학교를 떠날 때 큰 절을 하고 떠났는데 예술고에 잘 다니고 있다.

개인적인 경험으로는 아이들과 나 자신의 취약한 점을 이야기하고 약점을 서로 이야기하면 자연스럽게 서로 존중하고 인정하며 좋아진다는 것이다. 아이들과 서로의 약점을 이야기하길 바란다. 그러면서 서로 다시 연결되고 소속되고 공감되는 순간 그 자체가 힐링이다. 따로 심리전문가를 찾아갈 필요가 없다. 아이들을 먼저 안으라는 것이다. 가장 통합적인 에너지는 사랑에서 나온다.

적지 않은 학부모들이 아이들에게 힘들어 하는 문제를 '혼자 논다, 다른 아이와 어울리지 못한다'라고 생각한다.

그렇지만 혼자서도 휴대폰은 귀신같이 사용한다. 지금은 고등학생이지만 아스퍼거 때문에 발달에 어려움을 느끼는 아이를 초등학교 4학년 때 만났다. 아스퍼거 장애는 사회적 소통에 어려움을 느끼면서 그 어려움이 때론 감정과 신체에 영향을 주기도 한다. 사회적 기준의 정상에서 바라보면 비정상이라고 말하지만 이 아이는 특별하고 달랐다. 생각하는 방법이 다르고 인식하는 방법이 다르다. 다르다는 것이 틀렸다는 것은 아니다. 똑같이 되게 만드는 것은 아이가 가진 잠재력을 망가뜨리는 것이다. 이 아이는 기억력이 엄청 좋았다. 친구들 생일을 다 외우고 4년 전에 무슨 말을 했는지를 기억했다. 순수하고 맑고 거짓말도 하지 않고 참으로 정직했다.

다만 다르고 유일한 아이였다. 관계하는 방식이 우리와 다른 아이였다. 사실 부모님들은 모두 같게 만들려고 한다. 성적도 좋고 좋은 대학도 가고 좋은 직장을 얻어서 잘 사는 것이 행복이라고 생각한다. 지금까지 만난 아이들은 자신의 다름을 존중받고 무엇을 잘해서 사랑받는 것이 아니라 그냥 그때그때 "너로써 충분하다. 그래서 너를 사랑해. 넌 우리 가족이야."라는 것을 듣고, 느끼고 싶어 한다. 아이들은 자신의 욕구가 존중되지 않았을 때 타인의 욕구도 존중하지 않았다. 이른바 학교폭력의 원인도 아이자신이 존중받지 못하고 무시되고 차별되고 그냥 자신으로서 느끼지 못하는 무력감이나 수치심이 폭력의 원인이 된다고 본다. 서로 다른 차이의 아름다움을 공유하게 되면 정상과 비정상, 장애와 비장애라는 경계가 사라진다. 누가 정상이고 비정상이며, 또 누가 장애라고 말하는 순간 그 자신이 99% 비정상이며 장애인 것이다.

학교에서 콩나물시루에 물을 준다. 사실 물은 거의 다 나가버린다. 그러다가 계속 물을 주다보면 어느덧 시루에 콩나물이 꽉 차게 자란다. 그 물은 신뢰의 물이다. 그 물이 99%는 다 나가고 1%만 물일지라도.

사랑이 그렇다. 무조건 자연으로 돌아가라는 것도, 귀농을 해야 된다는 말도 아니다. 오직 자연학교를 통하여 아이들과 자연을 연결시켜 토종닭처럼 건강하고 야생의 숲을 통하여 탐구심과 창의성을 키워서 이 행성지구를 지속 가능하게 살 수 있는 기초를 회복하자는 것이다.

우주진화의 원리는 세 가지다. 하나는 다양성, 두 번째는 내면성 그리고 세 번째는 관계성이다. 이 우주가 138억 년 전부터 지금의 인류에까지 이 세 가지를 축으로 해서 우주가 은하수, 태양, 지구, 생명다양성 그리고 인간생명, 의식에 이르기까지 진화해 왔다는 사실이다. 이 세 가지 원리를 교육적 원리로 동반해 개인적이거나 집단적, 또는 공동체적으로 한 번 적용해 보기 바란다. 다양성 즉 분화는 정의에 관한

것이고 내면성은 교육에 관한 것이고 관계성은 공동체에 관
한 것이다. 결국은 대안학교의 비전은 공동체를 건설하는
것이다.

통합과 희망의 연대

　오늘날의 키워드는 희망과 통합, 혹은 통합과 희망이다. 현재의 큰 흐름은 '통합'이라는 단어, 혹은 '통습'이라는 표현이다. 통합은 나무만 보지 않고 숲을 본다는 것으로 곧 전체를 본다는 것이다. 그 많은 프로그램과 프로젝트, 현장체험과 사례들을 담을 수 있는 전체 틀을 통합한다는 것이다.

　교육과 생태의 개념은 서로 전혀 다르고 맞지 않는 개념이지만 이것을 연결시켰다. 아무도 생각지 못한 개념이었다. 그 통합의 개념 중심에 유아를 넣었는데 생태, 유아, 교육 이 세 가지 중요한 개념을 통합한 것에 대해서 커다란 역사적 과업(Great Work)을 만들었기에 나는 영적 연금술사라고 생각한다. 생태, 유아, 교육 이 세 가지 개념에서 볼 때 그냥 통합하는 것이 아니고 기본 축을 '유아'라기보다는 '생태'라고 생각한다. 그 이유는 교육에 생태를 넣은 것이 아니라 생태가 바닥이 되어야 된다고 보기 때문이다.

인류는 세 단계의 여행을 거쳐 왔다.

첫 번째 단계의 여행은 대략 3만 년 전, 인간이 수렵생활을 할 때 자연과 인간은 무의식적으로 지냈다. 첫 단계는 자연을 두려워하고 자연에 무조건 따랐다. 그 당시에는 자신에 대한 의식이 깊지 못했고 자연에 대한 연대감이 아주 강했다. 수동적이었다. 박물관에 가서 구석기와 신석기 시대를 보면 알 수가 있다. 고령의 대가야문화를 보면, 특히 순장풍습을 보면 이 시대를 충분히 이해할 수 있다.

두 번째 단계의 여행은 자연과 분리되는 단계였는데 대략 1만 년 전 마지막 빙하기가 끝나고 농경시대로 이동했다. 정착생활을 하고 소규모의 부락생활의 길로 들어섰다. 소작농을 하고 문맹률이 높았으며, 미신이 횡행한 시대였다. 그때부터 자연과의 분리가 시작되었다. 3백 년 전에 산업혁명, 즉 과학의 시대가 들어섰는데, 자연과 분리될 뿐 아니라 자연을 통제하고, 자연을 파괴하고 특히 우리 우주에서 분리되고, 우주가 무생물이라는 생각, 또 서로가 서로에게서 분리되고, 우리 영혼의 활력으로부터 분리되었던 것이다. 외로움과 소외감을 느끼고, 자살을 하기도 하였다.

우리 동네는 전형적인 농촌으로 사과농사를 많이 한다. 사과가 주렁주렁 달려있는 사과밭을 가만히 보면 나무 밑에 카펫이 깔려 있는 것을 볼 수 있다. 그 카펫은 은박지다. 사과의 색상을 좋게 하기 위한 방법으로 은박지를 사용한다. 그러나 은박지를 깔게 되면 사과색깔은 좋을지 모르지만, 사과나무에는 나쁘다. 땅에 햇빛을 차단하여 뿌리를 못 내리게 한다. 곧 소통이 안 되어 미생물과 땅이 숨을 못 쉬게 해서 빛깔은 좋아지지만 사과나무 자체에는 좋지 않은 영향을 끼친다. 개발과 진보의 이름하에 우리가 문명의 이기를 누렸지만 지구 자체가 황폐화되는 것과 똑같은 것이다. 그리고 사과 수확 후에는 은박지를 불에 태우는데 수은이나 납 등의 발암물질이 발생한다. 이것을 교육에 적용시켜보면 마치 성적을 올리기 위해 선행학습을 시키는 것과 똑같은 것이다.

그리고 사과나무에는 돌을 달아놓는다. 왜 나무에 돌을 달겠는가? 사과나무 가지 사이를 줄로 벌려 놓는다. 돈을 많이 벌고 사과를 쉽게 따려고 사과나무 가지가 위로 자라지 못하도록 돌을 다는 것이다. 이런 행위는 너무 인간중심주의다. 1967년에 린 화이트 교수가 서구의 인간중심주의 때문에 생태위기가 왔다고 비판하기 시작하여 큰 영향을 끼쳤다. 이 두 가지는 인간이 자연을 통제하고 인간이 자연을 억

압하는 하나의 방식이다. 심지어 사과가 붉게 보이도록 발색제를 뿌리기도 한다. 1962년 레이첼 카슨이 『침묵의 봄』에서 모든 화학제품들, 제초제 등을 고발한 이래 인간, 대륙, 문명만이 아니라 지구행성의 구조자체, 행성의 화학적 성분, 이 행성의 생태계, 이 혹성의 지질 자체마저 바꾸어 버렸다고 한다. 6만 년 전 인간이 등장한 이래 이런 일은 처음 당하는 사건이다. 자연은 결코 이런 방식을 선택하지 않는다. 자연은 쓰레기가 없는 이치이다.

세 번째 단계의 여행은 우리가 다시 연결하는 단계이다. 다시 자연과의 의식적인 일치, 다시 인간이 자연과 일치하는 통합의 시기, 제 3의 시기는 인간과 자연이 일치하는 시기이다. 다시 말해 생태시대라는 것이다. 그래서 유아를 축으로 두고 생태와 교육을 통합하는 것이 아니라, 생태를 축으로 해서 교육과 유아를 통합해야 한다. 이제 우리 시대는 종種으로서의 자각, 소위 제리미 리프킨이 지적한 '생명권 의식의 자각'이 중요하다. 곧 인간과 자연이 무의식적인 일치에서 인간과 자연의 분리에서 제3단계 인간과 자연의 의식적인 일치로서의 대이동이 시작되어 생태시대가 열렸다. 생태, 육아, 교육은 아주 중요한 과제이다. 인류 미래를 위해서, 앞으로 태어날 우리 아이들을 위해 이 긴 분리에서의 재일치는 인류와 행성지구의 사활이 달린 문제이다.

2020년 시나리오

•

지금 우리는 가장 어려운 위기의 시기를 지나고 있다. 다가올 2020년에는 지구가 압력을 받은 전자레인지처럼 될 것이다. 마치 '생태적 심장마비'처럼 생태적, 경제적, 정치적, 문화적, 심리적, 영적 시스템의 위기를 맞을 것이고 무정부 상태로 혼돈을 만들어 낼 것이다. 에너지 부족은 부유한 사람에게도 불편을 안겨 주는 정도지만 가난한 사람에게는 재앙이다. 기후 변화로 식량위기가 생겨 식량가격이 상승하면 부유한 사람에게도 어려움을 주겠지만, 겨우 생존하는 사람에게는 재난으로 닥칠 것이다. 역사상 가장 커다란 인류의 대이동이 진행되면서, 도시의 붕괴와 폭력이 번져나갈 가능성이 대단히 높을 것이다. 재난과 고통의 소용돌이를 타고 지구촌의 무질서가 가중되리라는 예측이다.

한편으로 만약 우리가 지구 공동체 전체의 통합적 발전을 위해 노력하지 않는다면 세상은 자원 전쟁의 소용돌이 속으로 빨려 들어갈 것이고, 비참함과 가난, 재앙이 지구를 덮칠 것이다. 다른 한편으로 전례 없는 고통이 엄습하면서, 인류가 자각의 눈을 뜨게 될 수도 있다.

'고통이 스승이다'라는 말이 있다.

이 위기를 자신과 맞부딪히면서 새로운 인류, 지구와 인간의 화해라는 합금이 되어가는 시대의 용광로에서 튀어나올 수 있다. 우리 시대에서 이루어지는 생태적 변혁이 인간이라는 가족을 새로운 감각의 정체성 및 목적과 통합시킬 수 있으며, 새로운 인류는 지속가능하고 의미 있는 미래를 창조하기 위해 우리의 지구생명을 재건하기에 충분할 만큼 강할 수 있다. 생물학적 재난의 파도가 경제 위기의 시기를 악화시킬 것이고 이 두 가지는 시민의 불안이라는 거대한 파도에 의해 증폭될 것이다. 한 번의 강력한 위기와 갈등이 아니라, 붕괴에 이어 순간적 조정이 이어지고 그런 다음 새롭게 조정될 것이다. 지속 가능한 세계 문명을 탄생시키기 위해, 아마도 인류는 수축과 이완의 반복을 통해 전진과 후퇴를 해야 할 것이다.

2020년 시나리오를 보면, 최고의 재앙이 현재 행성 지구의 주요 생명 체계를 종결시키는 우리 존재라면, 우리 시대 최고의 요구는 지구 공동체와 인간 존재의 상호 증진적인 관계를 통해 지구를 치유하는 일이다. 이러한 양상의 긴급함을 해결하려면 새로운 유형의 감수성이 요구된다. 이 감수성은 자연 세계의 눈부신 모습에 대한 낭만적 애착 이상의 어떤 것이다. 이것은 자연의 보다 광범위한 활동 양식, 즉 자연의 즐거운 양상뿐만 아니라 가혹한 요구까지도 이해할 수 있는 감수성이다. 이 감수성은 다른 생명 형태들의 번성을 위해 인구의 감소까지도 기꺼이 받아들일 수 있다. 생태학은 정당하게 최고의 체제 전복적인 과학으로 간주될 수 있다. 그러나 종교적, 문화적, 교육적 제도가 생태 운동을 진지하게 받아들인 것은 불과 20년 전으로 최근의 일이다.

창조적 양상

•

생태학적 운동의 세 가지 기본적인 국면으로 대결적 양상, 변형적 양상, 창조적 양상을 관찰할 수 있다. 4대강, 강정마을, 밀양 송전탑 같은 운동은 강력하게 대항하는 양상을 보인다. 산업 질서의 오만함에 반대하려면 그와 동등한 정도의 강력한 활동이 요구된다. 산업 질서는 경제 제도뿐만 아니라 현재의 문화 부호와도 맞물려 있다. 그 활동의 근본적 수정이 어떤 것이든 우리 사회에 대한 위협으로 간주된다. 첫째는 대결적 양상, 두 번째는 변형적 양상, 세 번째 우리가 해야 할 일은 창조적 양상이다. 싸우고 투쟁하는 것도 중요하고 더 나아가서 근본적이고 창조적인 변화를 추구하는 것도 하나의 커다란 대업이다. 우리의 과제는 통합이다. 희망은 오늘날 생태위기를 직면하는데 필수적인 힘이다.

밥상보

옛날에 우리 어머니들은 '바느질'로 우리를 키웠다. 직접 만들어서 먹이고 입히며 무엇이든 직접 했다. 요즈음은 정수기나 냉장고, 식품회사에서 다 해 준다. 압력밥솥이나 전자레인지, 김치냉장고 등 모든 것을 돈으로 해결한다. 우리 어머니나 할머니들은 특히 집안에 좋지 않은 일이 있거나 경제적으로 어려웠을 때도 다 자급자족했다. 예를 들면 식탁보, 식탁덮개가 있는데, 안 입는 옷이나 작은 조각의 천을 버리기보다는 모아서 바느질함으로써, 새로운 옷이나 식탁덮개를 만들었다. 요즘 우리들은 생태적으로 가장 가난한 시기에 살고 있다. 이러한 위기를 극복하기 위해서는 많은 해결책이 있다. 이러한 생태적 시기에 우리의 역할은 다른 생각들과 방향을 결합하는 것이다. 밥상보처럼 다른 이야기와 연결될 때의 시너지 효과, 즉 강력한 희망이 있다. 작은 천 조각 하나가 다른 조각들과 결합될 때, 위대한 아름다움이 창조된다. 각각의 지혜가 다른 지혜와 통합될 때, 위대한 희망이 발생될 수 있다. 밥상보처럼, 오늘날 우리가 필요한 생태적 희망은 통합적 지혜 속에서 발견되어질 수 있다. 그 지혜들의 한 예가 밥상보와 어부바이다.

인간이 위기에 직면하면 두 가지 해결책이 있다. 하나는 두려움과 공포에 기초하며 다른 하나는 희망과 꿈이다. 창조성이다. 왜 우리의 창조성이 두려움과 공포에 이용당할까? 왜 우리는 자살과 중독 그리고 경쟁에 창조성이 고갈될까? 의사소통을 하지 않는 뇌 때문이다. 창의성의 전뇌는 두려움과 본능에 기초한 포유류의 뇌와 파충류의 뇌 앞에 속수무책이다. 부모들이 자식 앞에서 불안해하면 눈에 아무 것도 보이지 않는 것과 같다. 이 세 가지 블랙홀 같은 뇌 사이의 공간을 어떻게 연결시킬 수 있을까가 관건이다.

아이들에게는 에너지와 자원이 풍부하다. 아이들은 매우 창의적이어서 스스로 해결책을 찾아낸다. 아이들은 상대가 자신을 믿는지 믿지 않는지 정확히 간파한다. 하지만 부모는 늘 불안해한다. 아이가 아프지는 않는지, 잘못된 길로 빠지는 건 아닌지 걱정한다.

철학자 에른스트 블로호는 "희망은 두려움을 익사시킨다." 또 희망을 치유의 힘으로 본 심리학자 베라 카스트는 "인간에게 희망은 두려움보다 원초적이다. 그 때문에 우리는 적극적으로 희망할 수 있다."고 했다.

이탈리아 시인 단테는 지옥에 대해 "여기 들어오는 자, 모든 희망을 버려라"라고 썼다. 희망이 없는 것이 곧 지옥이다. 부모가 아이에게 희망을 전하지 못하면, 부모 스스로가 희망이 없다면, 가정은 아이에게 지옥이나 다름없다. 아이는 희망이 없는, 빛도 없고 생명력도 없는 공간에서 살아가게 된다. 모든 것이 시들어가고, 무기력해지며, 아무런 전망도 없게 된다. 부모가 아이에게 희망을 전해야만 아이는 살수 있고, 숨은 능력도 발휘할 수 있다. "희망은 가장 마지막에 죽는다"라는 러시아 속담이 있다. 희망이 없다면 생명은 마비되며 죽은 채로 사는 것과 다름없다.

어부바와 두데기

현대 산업사회에서, 우리는 아이가 어머니의 젖 먹는 모습을 거의 볼 수 없다. 요컨대 어머니나 다른 사람이 아기를 안고 우유를 먹이거나 함께 놀아줄 뿐, 항상 함께 지내지는 않는 것이 대부분이다. 아기는 낮 시간의 대부분을 침대나 놀이기구에서 보내고, 밤에도 부모의 침실과 독립된 침실에서 혼자 잠을 잔다. 수렵채집인들을 관찰한 연구에 따르면, 아기는 거의 하루 종일 어머니나 다른 사람과 함께 지낸다. 어머니가 외출할 때는 아기용 운반도구에 아기를 데리고 나간다. 두데기, 쿵족의 아기띠, 뉴기니의 망태기, 북반구 온대지역의 지게식 요람이 대표적인 예이다. 대부분의 수렵채집인, 특히 온화한 기후권에서 살아가는 수렵채집인은 아기와 끊임없이 스킨십을 한다. 지금까지 알려진 모든 인간 수렵채집인 사회와 고등 영장류 사회의 어머니와 아기는 같은 침대나 같은 요에서 함께 잠을 잔다. 90곳의 전통 사회를 비교문화적 관점에서 연구한 결과를 보면, 어머니와 아기가 각자 다른 방에서 잠을 자는 경우는 단 한 건도 없었다.

서구 사회의 현재 관습은 밤잠을 자지 않는 아기 때문에 힘들어하는 부모들이 아기를 재우려는 노력 끝에 고안해낸 것이다. 요즘 미국의 소아과 의사들은 아기가 짓눌릴 수도 있고 부모의 체온에 지나치게 열을 받을 수도 있기 때문에 아기를 부모와 같은 침대에서 재우지 말라고 권고한다. 그러나 인류의 역사에서 수천 년 전까지만 해도 실질적으로 모든 아기가 어머니와 아버지와 같은 침대에서 잠을 잤지만, 소아과 의사들이 겁내는 끔찍한 사고가 있었다는 보고는 거의 없었다.

서구 사회에서 아기를 데리고 다닐 때 가장 흔히 사용하는 도구는 유모차다. 유모차로는 아기와 엄마의 신체 접촉을 기대할 수 없다. 대부분의 유모차에서 아기는 거의 누운 자세를 취하고, 어머니와 얼굴을 마주보는 구조를 지닌 유모차도 간혹 눈에 띈다. 따라서 아기는 돌봄이가 세상을 보는 방향으로 세상을 보지 못한다. 대다수의 도구가 아기를 뒤쪽으로 향하게 하는 구조, 즉 소외되어 있는 구조다. 대다수의 현대인은 두데기나 포대기를 혐오스럽게 생각한다. 그러나 전통 사회에서는 아기를 어깨 위에 얹거나 두데기 같은 도구로 아기를 똑바로 세우고 정면을 바라보게 하는 식으로 업기 때문에 아기가 엄마와 같은 방향으로 세상을 바라볼 수 있었다. 엄마가 걸을 때도 신체 접촉을 계속하고 엄마와 똑같은 시야를 공유하며, 똑바른 자세로 옮겨지기 때문에 아이들은 신경운동계의 발달이 유모차 아이들에 비해서 빠르게 된다.

유모차와 두데기, 아이에게는 어느 선택이 좋을까? 식탁덮개나 음식물 덮개는 아주 생태적이다. 어부바와 두데기에서 얻을 수 있는 성찰은 유아교육에서 어린이집이나 유치원 중심에서 집이나 자연으로, 가족으로 재일치해야 할 과제가 주어졌다. 그동안 유아교육에서 조부나 부모님과 분리해서 시설이나 프로그램에 치중하지 않았나 하는 것이다. 순서를 정하다면 원 교사는 자연이며 지구가 우리의 대학이며 그 다음 주교사는 부모이며 보조는 교사라는 생각이다.

한 아이를 키우기 위해서는 온 마을이 필요하다

마을은 공동체이며 협동조합이다. 요즈음 협동조합이 큰 흐름으로 사회에서 자리잡아 간다. 공동육아협동조합도 있다. 유아부터 노인에게 이르기까지 통으로 자리잡는 공동체로써 마을 만들기다. 대안 공동체가 여기저기 올라온다. 생태적이다. 생태를 틀로 하여 유아 - 어린이 - 청소년 - 젊은이 - 중년 - 노년에 이르기까지 협동과 협업을 할 수 있는 마을 만들기가 우리의 꿈이라고 생각한다. 2008년 4월 10일 자 미국의 〈포브스(The Forbes)〉는 현존하는 세계의 8대 유토피아 도시를 선정하여 발표했다. 여기에는 미국의 아르코산티(애

리조나주), 에코빌리지(뉴욕 주), 트윈 오크스(버지니아 주), 더 팜(테네시), 영국의 핀드혼, 독일의 제그, 오스트레일리아의 크리스털워터스, 일본의 야마기시 공동체가 포함되었다.

2000년에 인도의 오로빌공동체를 방문한 적이 있는데 아주 인상적이었다. 부산에는 금샘마을이 있다. 성미산공동체의 유전자인 공동육아협동조합도 있다. 서울시 노원구에는 자살예방으로서 마을학교도 있다. 공동체를 다시 일으켜 세우는 작업이다. 1962년에 가별 수녀님이 신영협동조합을 만들어 전쟁 이후 가난한 아이들과 민중에게 희망을 주었었다. 1960년대 부산에서 사목하였던 지학순 주교님이 1965년에 원주교구장에 되면서 1970년에는 원주에서 협동조합의 씨를 뿌리고 나락 한 알의 우주인 장일순 선생님의 한살림선언 기초가 부산지역의 신용협동조합이다. 신협운동이 생협운동을 통하여 부산지역에서 시작한 생태육아운동이 새로운 지평을 열기 위해서는 어린이집이나 유치원이 따로 분산될 것이 아니라 연대와 협업 그리고 네트워크를 통해 마을혁명을 만들어내는 것이다.

생태교육은 가장 기초적인 혁명이다. 위기가 목전에 당도한 것을 인식한 교육계 종사자들은 단순히 경제적 관점에서 생산적인 인재를 키워내는 것에 대해 의문을 갖기 시작했다. 확장된 자아인 '생태적인 자아'로서 사고하도록 아이들을 가르치는 것은 우리 시대의 중요한 과제이다. 이 과제를 얼마나 성공적으로 수행하느냐에 따라 우리가 지구와 지속 가능한 관계를 형성하여 기후변화를 늦추고 인류의 멸종을 막을 수 있을지의 여부가 결정된다. 멸종은 하느님도 어찌할 수가 없다. 우리 교육이, 아이들이 인류뿐 아니라 다른 생명체까지 포함한 지구 공동체 구성원으로서 생각하고 행복할 수 있도록 이끌기 위해서 말이다.

부모로서 영성적 삶에 대한 진리를 간단한 공식으로 표현하면 다음과 같다.

아이들은 태어날 때 영적인 존재이다. 왜냐하면 이 우주가 영적이기 때문이다. 빅뱅에서부터 영적이다. 영에서 영이 나온다. 가족은 영성이 실현되는 공간이다. 그러므로 공식은 간단하다. 단순하게 살라는 것이다.

살라는 것은 지금 여기에 살라는 것이다. 지금 여기에 답이 있다. 지금 여기의 삶에 충실하라는 것이다. 아이들을 지금 여기에서 있는 그대로 보라는 의미다. 아이에게 미리 온갖 종류의 지식 예방주사나 조기 인지 약속을 하지 말라는 것이다. 지금 여기에서 있는 그대로 소소한 햇살을 즐기며 살라는 말이다.

단순하게 부처님처럼 눈을 반쯤 뜨고 본다는 것은 무관심도 아니고 자유방임도 아닌 본질적인 것에 눈을 돌린다는 것이다. 이것을 교육에 확장하면 여유와 관대이다. 어머니가 자신에게 관대해지고 단순하게 즉 자신의 내재된 힘을 믿으라는 것이다. 단순하게 살라는 영성의 공식은 지금 여기에 자신에게 머물며 우주와 자연이 선사한 힘과 능력을 믿으면 믿을수록 더 큰 영성의 힘을 느낄 수 있다. 물리적 에너지는 사용하면 할수록 모자라지만 심혼적 에너지는 쓰면 쓸수록 더 공명과 공감이 커진다. 심혼적 에너지는 사용하면 할수록 더 커지고 참여하는 사람이 많으면 많을수록 더 커진다. 비물질은 나누면 나눌수록 더 강화되지만 물질은 반대이다. 빵 한 조각을 열 명이 나누면 네 명이 나누는 것보다는 각자에게 돌아가는 양이 훨씬 적다. 그러나 자연이 주는 통찰, 이해, 기쁨, 영감은 나누면 나눌수록 더욱 커진다. 이 것이 우주의 영적법칙이다. 부모가 자신의 우주적 정체성을 깨달아가는 것이 대업 즉 위대한 과제(great work)이다. 위대한 과제는 모든 사람의 것이지만 개인의 일에서 시작된다.

우리 시대 교육의
의미를 묻다

　우리 지역의 교육감과 함께 지역의 교육에 투신하는 여러 선생님과 장학사들이 간담회하는 자리에 대안학교 교장으로서 참여한 적이 있었다. 교육감에게 다양한 기대를 각자 피력하며 이것저것 건의 하는 것을 들을 수 있었다. 나는 그 자리에서 다문화 가정에 대한 교육적 배려와 유기농 무상급식을 단계적으로 확대해 줄 것을 요청했다. 우리 아이들에게 급식을 잘 먹이자는 것에 대해 즉 친환경급식을 단계적으로 실시하자는 의견에 대해 정치적 좌파와 우파를 따지는 사람들은 도대체 제정신인가하는 생각이 든다.

　그 자리에 함께한 교장선생님들이 한결같이 상위권 진출이나 명문대학에 갈 수 있도록 예산을 지원해 달라는 주문을 당연하게 말하는 것에 매우 놀랐다. 다른 말로 하면 공부 잘하는 아이들이 더 공부 잘할 수 있도록 밀어달라는 말이다. 자기 학교를 상위 1%에 들어가는 명문학교로 만들기 위해서 지원을 많이 해 달라는 말은 누가 들어도 고개를 끄떡일 수 있는 말이다. 그렇지만 상위 1%에 들어가지 못하는 99% 아이들은 어떻게 되는가?

가톨릭계 학교는 일반 학교와 다른가?

가톨릭 신자나 가톨릭계 학교는 일반 학교와 다른가? 다르다면 어떤 가치가 다르며 무엇이 가톨릭학교를 다르게 하는가? 내가 그동안 사목현장에서 경험한 것을 솔직히 말하면 재량학습시간에 신부나 수녀들을 투입하여 종교시간이나 철학시간을 궁여지책으로 마련하지만 그렇다고 그 학교가 일반학교의 교과과정과 별반 차이가 나지 않는다. 종교는 종교이고 교육은 별개이다. 일반학교보다 더한 가톨릭계 고등학교도 있다. 교장이 신부나 수녀라고 하여 무엇인가 다르겠지 하고 믿는 것은 다행한 일이다. 그러나 실제로 현장은 그렇지 않다. 그렇다고 하여 학교나 교사를 일방적으로 탓하는 것은 아니다. 또 학생이 제도를 변화시킬 힘이 있는 것도 아니다. 학생은 입시제도에 맞출 수밖에 없다. 과거보다도 교육적 시설이나 여건이 좋아진 지금의 공교육을 부정적으로 매도하자는 것도 아니다.

한 가지 분명한 것은 해가 다르게 부잣집의 아이들이 외고와 일류대를 채워가고 있다는 것이다. '위장전입' 하는 사람들은 영어학습지를 할 수밖에 없는 서민들이 아니라 꼭 청문회 때마다 등장하는 높은 사람들이다. 이번에 청문회에서 탈락한 사람의 공통점은 모두가 서울대 출신이라는 점이다.

한 외고생이 제 어머니에게 유서를 남기고 베란다에서 뛰어 내린 일이 있었다. 유서에 남긴 글자는 단 네 자였다.

"이제 됐어."

유서를 보아서는 엄마가 요구한 성적에 도달한 직후가 아닌가싶다. 그 아이는 투신하기 전까지 다른 부모들이 부러워하는 아이였고 지금도 살았으면 여전히 그런 아이였을 것이다.

우리 가톨릭학교는 어떻게 할 것인가? 청주 양업고등학교와 논산 대건고등학교가 만들어낸 아름다운 이야기도 있다. 1% 상위의 양을 만들기 위해서 99% 양을 경쟁 속에 버려야 하나 아니면 복음과는 정반대로 99% 양을 위해서 1% 상위를 포기해야 하는가? 지금 가톨릭학교는 딜레마에 처해있다. 내 생각에는 이미 가톨릭교회의 학교는 수명을 다하였다. 충분히 할 만큼 인간화를 위해서 교육적 평등이나 배려를 해왔다. 이제 전혀 다른 콘셉트가 필요한 시대이다.

한국을 방문하여 청소년에게 강연한 미래학의 저자 엘빈 토플러는 "한국의 삼성 같은 글로벌 기업은 시속 200마일을 달리는데 한국 교육은 시속 20마일도 채 달리지 못한다." 면서 한국의 가장 큰 문제는 공장시뮬레이션식 교육이라고 지적하였다. 농경시대는 농부, 산업화시대는 노동자, 정보화시대는 지식인인데 지금의 한국교육은 산업화시대의 획일적 노동자처럼 아이들을 교육하고 있는 것이 큰 병폐라고 비판하였다. 일반 공교육은 그렇다 치고 우리 가톨릭 교육은 어디로 가야 하는가? 풍요를 얻기 위해서 참으로 열심히 산업화를 살아온 우리들과 그 결실인 풍요를 마음껏 누리고 있는 우리 아이들은 감성과 언어가 다르다.

후기 물질주의를 사는 우리 아이들은 물질주의에 서서히 염증을 느끼고 있음이 분명하다. 이제 우리 교육이 산업화나 정보화가 아닌 다른 가치 즉 삶의 의미에 대한 정신적 가치를 불러 줄 수 있는 하이콘셉트인 감성을 임팩트할 수 있는 학교로 다시 탄생해야 할 것이다. 한 가지 더 지적한다면 교황 베네딕토 16세의 절박한 호소 즉 평화를 이루려면 피조물을 보호하라는 그 메시지를 담은 학교, 아이들이 자연파괴를 통하여 얻은 부가 아니라 자연과 조화롭게 누릴 수 있는 생태 평화를 체험하는 학교가 이 시대의 징표라고 생각한다.

　어린이집과 유치원 교육을 담당하는 유아학교가 학교끼리
치열한 경쟁을 벌이고 있다. 출산율의 저하에 따른 유아인
구 감소가 그 원인이다. 유치원과 어린이집은 늘어 가는데
아이는 감소하고 있다. 그러다 보니 유치원끼리 경쟁이 심
화되고 있다. 가톨릭계 유치원도 수녀님이 원장이면 아이들
을 이 학교에 입학시키기 위해서 새벽같이 줄을 서서 입학
등록을 하곤 했는데 이제는 어렵게 되었다. 우리 가톨릭은
유치원 어린이 교육을 다른 어떤 유치원보다도 특별히 몬테
소리 교육을 통하여 차별해 왔다. 한때는 가톨릭 유치원을
없애는 경향이 있었지만, 가톨릭 유치원이라고 하면 수녀님
이 연상되어질 정도로 유아교육을 잘해 왔다. 그런데 문제
는 이렇게 공을 들인 교육이 일관성을 가지지 못하고 초등
학교 교육에서 끝나버린다는 것이다.

　홍성의 풀무학교는 어릴 때부터 어린이집, 유치원, 초·
중·고등부, 전공부 과정이 연결되어 있기 때문에 교육이 통
일성과 유기적인 관계와 일관성을 이루고 있다. 유치원과
초등과정, 중등과정과 고등과정 그리고 전공부 과정까지 하
나의 하이콘셉트로 발달에 따라 나무가 성장하듯 뻗어나간
다. 지금의 우리 가톨릭 교육은 유기적인 관계없이 따로 따
로 걸어가는 자기분열의 상태다.

올 여름에 산자연학교에 포항에서 유치원 캠프가 들어왔는데, 올해는 특히 비가 많아서 냇가에 물이 아주 좋았다. 나는 원장님에게 냇가에 가서 아이들이 물놀이를 하면 참 좋을 것이라고 물놀이를 제안하였다. 그런데 그 원장님은 학교 수도를 이용한 고무호스를 가지고 운동장에서 놀았으면 좋겠다고 이야기했다. 냇가에 물이 좋은데도 원장님은 운동장에서 고무호스로 물놀이를 하게 했다. 이유는 간단했다. 혹시라도 아이들이 물놀이 하다 다치면 큰일 나기 때문에, 때로는 법정에 가는 수도 있어서 아예 다칠 수 있거나 사고 날 가능성이 있는 프로그램은 다 빼버렸다. 이 한 예에서 보는 것과 같이 아이들이 밀폐된 공간에서 자연과의 관계가 단절된 채, 생생한 경험이라던가 실제 몸으로 겪어보는 교육이 아니라 좋은 시설을 갖춘 유치원 건물 안에서 배우고 있다는 사실이다. 실제로 아이들은 '자연 결핍 장애'를 앓고 있다.

또 한 유치원에서 우리 학교에 하루 캠프를 하러 들어왔는데, 내가 "너희들 이 운동장에서 마음껏 뛰어 놀아라"라고 말했을 때 그 아이들은 뛰어놀지 못하고, 한 줄을 서는 것이었다. 아이들끼리의 속어 '경도놀이' 즉 '경찰과 도둑 잡기 놀이' 밖에 놀 줄 모른다는 것은 유아교육이 얼마나 황폐화 되었는지 단적으로 말해준다.

유형성숙 즉 네오테니neoteny라는 말이 있다. 인간은 어린 시절의 특성을 노년까지 확장시키는 유형성숙 때문에 다른 동물과 달리 평생 동안 놀이의 상태에 머물 수 있다. 침팬지와 인간이 아무리 똑같다하더라도 인간과 침팬지가 다른 이유는 그리고 인간이 침팬지로부터 분화된 가장 큰 원인은 다름 아닌 놀이 때문이다. 진화의 원동력은 놀이 즉 노는 것이다. 침팬지도 걷고 우리도 걷는다. 그러나 우리는 그것에 만족할 수가 없어서 그것 즉 걸음걸이에 대해 연구를 하여 마침내 걸음에서 춤을 추는 것으로 연결하게 된다. 평생 동안 놀이의 단계에 머물러 있는 자유로움이 인간 의식 상승의 원동력이다. 유형성숙 덕분에 우리 인간은 깊은 흥미를 느낄 수 있으며, 평생 동안 이처럼 깊은 흥미를 느끼는 단계를 유지할 수 있다는 것이다. 아이들은 늘 신나게 놀고 싶어 한다. 여기서 신이란 단어는 신神 즉 God이 아닌가? 여기 인간이야말로 잘 노는 사람, 신나게 노는 사람이다.

가톨릭계 유치원에서의 건물 중심이나 공간 중심의 교육은, 부산에서 일어나고 있는 '숲 유치원 학교 운동'처럼 아이들을 시설이나 건물 중심의 유치원에서부터 숲 유치원, 나무 유치원, 땅 유치원 등 아이와 자연과의 관계를 회복해 주는 생태 유치원으로 거듭나야 한다고 본다. 단순히 하루 이틀 자연 체험 프로그램을 어느 장소에서 할 것이 아니라 매일매일 자연학교가 이루어져야 할 것이다. 특히 우리 가톨릭계 유치원은 아이들의 급식을 가능한 한 유기농으로 준비하는데, 이것은 아주 바람직한 현상이다. 유치원 급식을 친환경 식자재로 사용해야 하는 것은 당연한 일이다. 유치원끼리 연대해서 아이들의 먹을거리는 이 행성 지구와 조화로운 식사법으로 나아가야 할 것이다. ADHD를 앓고 있는 유아들이 대부분 식사와 관계있고, 또 오메가3 식품보다도 오메가6를 더 많이 먹기 때문에 아이들이 더 거칠고 공격적이고 집중하지 못하고 아이들끼리 사회적 관계를 위한 소통에 어려움을 겪는다. 유아학교는 마음껏 놀고 노래하고 춤추는 황홀한 소통을 체험하게 하는 학교이다.

이제는 가톨릭계 공교육을 근본적으로 성찰할 때

지금의 공교육이 가지고 있는 문제점을 해결할 수 있는 대안학교는 거의 없다고 본다. 대안교육이라고 하면 교육의 다양성을 추구하고 교육의 주체성을 회복하고, 경쟁이 아닌 관계성을 중요하게 생각하는 교육이 대안 교육이다. 전국에 200여 대안학교가 있지만 대안학교의 운영이 쉽지 않다. 없어지는 대안학교도 많고, 사라지는 대안학교도 많다. 주로 수도권에 대안학교가 많고, 개신교 대안학교가 주류이다. 원불교 대안학교의 역사가 조금 깊을 뿐 대체로 대안교육의 역사는 짧다. 가톨릭 대안학교는 청주 양업고등학교, 경북 영천에 초중등 통합 대안학교인 산자연학교가 있다. 엄밀한 의미에서 산자연학교는 대안학교가 아니다. 산자연학교는 생태영성을 추구하는 '다른' 학교이며 생태 친화적인 학교 (Ecozoic Friendly School)이다.

흔히 대안학교라고 하면 많은 사람들이 부적응아, 문제아, 결핍장애아들이 다니는 학교라고 생각한다. 우리나라의 경우 경주 화랑고등학교, 청유 양업고등학교가 초창기에 그런 경우가 있었지만 실제로 대안학교는 문제아나 부적응아들이 다니는 학교가 아니다. 대안학교의 학부모들 가운데에서는 서울대에 들어가기를 원하는 부모도 있고, 검정고시를 치게 하는 부모도 있고 여전히 산업혁명이나 정보혁명의 낡은 패러다임을 붙잡고 공부를 싸잡아 시키는 부모들도 있다.

내가 아는 어떤 대학생은 이미 면접까지 통과되어 대안학교 교사로 들어가려고 했으나 어머니가 그런 유령학교에 자식을 보낼 수 없다고 하여 결국 그 일을 포기하고 말았다. 대안학교를 보는 시선이 고운 것만은 아니다. 돈이 많이 드는 귀족학교라느니, 문제아들의 온상이라느니, 졸업하면 사회에 적응하지 못해 낙오자가 된다느니 등등 오해와 편견이 가득하다.

가톨릭 교육도 경쟁이나 서울대 목표를 두는 '교육 비즈니스'를 할 것이 아니라 교육의 다양성, 고유성, 관계성을 실현하는 대안학교로 나아가야 한다고 본다. 무엇보다도 지금의 공교육에 탈락한 부적응 아이들, 심리적·정신적 자폐증을 앓고 있는 아이들, 아스퍼거 장애(Asperger's Disorder) 아이들을 단순히 장애가 아닌 '다름'을 존중하는 학교가 참으로 필요하다. 과감하게 지금의 가톨릭 공교육을 해체하고 영재(excellent)한 아이를 키우는 학교가 아니라, 다른(different) 한 아이를 키우는 학교로 나아가야 할 것이다. 그리고 공장시뮬레이션 교육 즉 한국 교육을 획일화라고 비판한 엘빈 토플러는 아이들의 다양성을 존중해 주는 학교가 21세기에 필요함을 역설하였다.

내가 생각하는 학교는 새로운 교과과정을 몇 개 첨가하거나 기존 부품을 갈아 치우는 정도가 아니다. 흔히 말하는 환경교육이나 환경윤리를 가르치는 학교도 아니다. 기본텍스트를 우주교육으로 하자는 것이다. 학교의 기본 패러다임을 바꾸자는 이야기다. 아인슈타인이 말한 대로 문제 해결 같은 차원에서는 답을 찾을 수 없다. 더 큰 각성이나 깨달음이 필요한 시대다. 지금 우리 시대의 위기는 우주론의 위기다. 기존 이야기로는 이 위기를 극복할 수 없다. 가톨릭 공교육을 해체하자는 이유가 무조건 없애버리자는 것이 아니고, 교황 요한 바오로 2세의 하이콘셉트 '생명의 복음으로' 돌아가자는 것이고, 교황 베네딕토 16세의 '평화 생태학'으로 우

리 가톨릭 교육이 소통될 때 Dream Society, Dream Earth로
지속 가능한 지구 공동체로 나아갈 수 있을 것이다.

99% 소외된 어린 양, 예술과 신과학

    대구의 대부분의 인문계 고등학교는 야간자율학습을 할
때 학생 중에 특별한 아이들에게 또 밤에 국·영·수를 가르
친다. 1% 상위권 진출을 위해서 오직 해야 하는 것은 국·
영·수이다. 이제는 명문 대학을 가기 위해서도 국·영·수로
무장해야 하지만, 특목고로 가기 위해서도 오로지 국·영·수
만 아이들이 공부할 수밖에 없다. 선행학습이란 명목으로
유아, 초등, 중등이 국·영·수에 시달리는 것이다. 두뇌 싸움
때문에 얼마나 시달리는지, 아이들의 놀이터에 가면 놀이기
구가 다 부서져 있다. 그 이유는 아마도 경쟁 등으로 인하여
생기는 과도한 스트레스로 아이들이 부숴버리는 것일 것이
다. 이렇게 나간다면 교육이 '예방'하기는커녕 아이들은 10
년 뒤에는 정신병자가 될 것이다. 아이들도 사람인지라 대
가를 치를 수밖에 없다. 심리상담소, 소아정신과, 무슨 치료,
아동발달센터 등등. 부자동네일수록 이런 기관이 많다. 왜?
경쟁과 불안에 시달리니까. 지금 우리 아이들에게 필요한
것은 학벌이나 영어 어학연수나 경제적 부나 스펙이 아니라
맛있는 밥, 맑은 마음과 웃을 수 있는 여유, 자기 이야기를

할 수 있는 친구이다. 학교에서 아이들과 함께 '엘 시스테마'라는 베네수엘라를 구한 희망 프로젝트를 보았다. 베네수엘라를 가난과 마약 그리고 폭력과 절망에서 구한 것은 빵이 아니라 음악이었다. 국·영·수에 올인하는 우리 아이들을 참으로 더 가난하게 하는 것은 예술로부터의 소외이다. 한 인간이 스스로 음악을 느낄 수 없고 악기하나 연주할 수 없다면 참으로 가난한 영혼이다.

지금까지 우리 교육은 너무 좌뇌 교육에 치우쳐 있다. 다가올 미래 세상은 우뇌 쪽이 지배하는데 우리 교육은 학습 창고의 좌뇌만 기형적으로 발달해 있다. IQ에 대한 일방적인 명시는 정말로 과거의 일이다. 미래의 가치 있는 인재는 창조성, 협동심, 동기부여, 감성, 진취적 기상을 분출할 수 있는 능력을 지닌 사람이다. 현재 우리 시대에는 두 가지가 동시에 발생하고 있다. 한 가지는 좌뇌에 축을 둔 교육이나 문명은 서서히 사라져 가고 있고, 우뇌에 축을 둔 예술, 디자인, 스토리, 공감, 조화, 놀이, 삶의 의미는 아주 중요한 가치로 떠오른다. 이제 산업혁명을 뒷받침해 왔던 국·영·수보다도, 꿈과 감성을 주는 예술과 과학, 그리고 생태가 중요한 교육적인 과제이다.

내가 어디서 왔으며 어디에 존재하는지를 모른다면 어디로 향하는지도 알 수 없다. 과학의 발전으로 이 우주가 빅뱅에서 시작되었음을 알게 되었다. 과학계가 신의 논쟁으로 아주 뜨겁다. 스티븐 호킹, 리처드 도킨스, 미치오 카쿠, 프랜시스 콜린스, 토머스 베리 등이 우주론으로 우리에게 새로운 세계관을 알려주고 있다. 교육은 우주로 향해져야 한다. 사실 우주교육은 어렵다. 철저하게 과학적이라서 그렇다. 각 세대에 맞는 버전이 필요하다. 스토리텔러도 필요하지만 예술이 더욱 중요하다. 한 편의 시나 그림 또는 춤이 두꺼운 책이나 논문보다 더 많은 것을 경험하게 한다. 고요 속에 존재하는 방법이 바로 명상이다. 산자연학교에서 우주 걷기와 미로 걷기, 그리기를 자주하는 이유도 여기에 있다. 단순한 별자리 관찰로만은 부족하다. 진화의 역사를 배우고 걸어보아야 한다.

새로운 우주론을 가진 21세기로 접어들면서 '새로운 학교'가 필요하다는 것이 명백해졌다.

보다 더 큰 그림이 필요하다

·

정보를 알고 싶으면 인터넷 검색엔진을 이용하면 알고 싶은 사실들이 모두 나온다. 정보혁명은 이미 하강곡선을 그리고 있다. 이제 사람들은 정보의 의미를 알고 싶어 한다. 물질을 추구했던 세대와는 달리 풍요를 누리는 지금의 아이들은 '삶의 의미'를 묻고 있다. 여기에 복음의 전망이 놓여 있는 것이다. 빅톨 프랭클이 제시하는 의미요법에서와 같이 인간이 빵만으로 살 수 없음을 더욱 절감하는 세대가 후기 물질주의에서 찾는 정신적인 가치이다. 지독한 가난보다 더 무서운 것은 풍요 속에서 느끼는 무의미, 우울 그리고 중독이다. 우리 아이들은 왜 국·영·수만 해야 하는지 그리고 우리가 누리고 있는 쓰레기를 양산하는 풍요 속에서 그 가치와 의미를 묻고 있다.

교육이 '삶의 의미'에 대한 물음에 복음적 응답으로 예방해야 한다.

우리는 농업혁명과 산업혁명, 정보혁명과 그 다음에 오는 혁명 즉 우뇌에 기초한 전인적인 마음, 조화로운 사람, 공감하는 사람, 유머 감각이 풍부한 사람, 예수님같이 스토리텔링으로 치유하는 사람, 잘 노는 사람, 경계가 없이 창조적인 사람 즉 마음을 두루두루 쓰는 감성적 인간이 새로운 복음화의 시작을 알릴 것이다. 복음적 사람이다. 그러므로 우리 교육은 예술과 우주론을 버릴 것이 아니라 오히려 국·영·수만큼 중요한 자리를 내어주어야 한다. 사회적 연결과 소통 프로그램은 예술만큼 음악만큼 좋은 처방이 없다. 벌써 거대통신회사들은 전화선을 제공하는 이상으로 연대감과 우정을 위한 시장으로 애쓰고 있다. 종교가 담당했던 마음의 평화를 이제 시장에서 마케팅하고 있지 않는가! 우리 교육은 다시 본질로 돌아가서 복음적 인간인 사랑으로 근본적으로 창안해야 한다. 여기에 가톨릭 교육이 공교육으로부터 벗어나야하는 이유이다. 근본으로 돌아가지 않으면 복음화도 인간화 그리고 평화 생태학도 실패할 것이다.

끝으로 양자물리학에서 보내는 기쁜 소식이다. 과거에서 우주는 분리된 기계라고 보았는데 우주는 살아있다는 것이다. 예를 들어 강을 살아있는 유기체로 본다면 우리의 세계관은 엄청나게 변화하게 된다. 그래서 세계관이 변화한다는 것이 얼마나 어려운 일인지 우리는 경험한다. 우리 교육이 지금 자연을 우리가 마음대로 할 수 있는 물질박스라고 전제를 하고 쓰레기를 만들어 내고 있다. 만약에 우리 교육이 자연이 살아있는 유기체라고 깨닫는다면 우리의 삶이 느리더라도 혁명적으로 변하지 않겠는가!

"개인의 역사에서처럼 집단 역사에서도 모든 것은 의식의 발전에 달려 있다"고 칼 융은 말했다. 최근 과학은 우주의식을 더욱 일깨우면서 종교는 더욱 더 인간의식의 깊은 깨달음을 일깨우는데 이것이 둘이 아니라 하나이다. 우주적일수록 인간의식이 높아지고 인간의식이 높아질수록 이 의식의 우주적 정체성을 더 깊이 깨달아 간다는 것이다. 이는 매우 놀랍고 도전적이며 축복이며 새 계시이다. 인식 패러다임을 일깨우는 것이 교육이다.

진정성,
머리에서 가슴까지 18인치

나는 직업이 가톨릭신부이지만 직장은 여러 군데로 통섭
해 왔다. 커뮤니티와 경제 이사장, 푸른평화소비자협동조합
이사장, 전 대안학교 산자연학교 교장 등의 직함에서 보다
시피 한 우물을 파면서 다른 일과 연결시켜 왔다. 통섭적인
삶을 살아온 셈이다. 이것도 저것도 유연성과 플랙시블 경
계를 무너뜨리면서 창조적인 아이디어를, 생태와 농촌, 생
협을 종교에 결합시켰다. 한 우물(전문성)을 파면서 다른 것과
연결시킬 수 있는 것은 창의력이다. 생활의 모든 분야까지
나갈 수 있다. 학교급식과 교육, 보건과 위생, 생태와 예술,
문화와 박물관, 커피와 여행, 에코 웨딩, 외국인 노동자 등
삶의 밝고 그늘진 모든 부분에 연결될 수 있다.

바야흐로 우리가 일생을 살면서 직장을 10번이나 바꾸고
직업도 바꾸어야 하는 시대에 살게 된 것이다. 교육받고 일

한다는 2분법적인 접근은 이제 퇴물이 되었다. 공부는 돈을 내고 소비하는 것이 아니라 그 자체로 생산적인 활동이다. 그러려면 기존의 틀에서 자유로워야 하고, 디지로그 즉 경계에서 오고 가고 해야 하는 것이다. 생각의 본질은 감각의 지평을 넓히는 것이다. 느끼는 것과 아는 것이 하나로 가야 된다. 모든 것이 되지 않으면 아무 것도 되지 않는다. 지금의 교육은 다 쪼가리이며 과목들은 철저하게 분리시켜 가르친다. 생각의 본질을 절반만 이해하고 있다고 해도 과언이 아니다.

대학공부나 배움은 훗날 졸업하고 직장을 갖는 투자의 가치가 아니라 의식주 행위처럼 매일 행하는 일상의 일이어야 한다. 대학 다니는 것이 순차적으로 학점을 따는 행위가 아니라 그 자체로 병행하는 생산 활동이어야 한다. 교육에 근본적인 혁명이 요구되고 있다.

우주의 무한한 에너지를 빅뱅이라 부르든 신이라고, 알라라고, 부처님이라고 부르든 다 똑같은 바탕을 두고 이 우주에서 나왔다. 아무도 부정할 수가 없다. 신성이든 불성이든 우주는 연결되어 있다. 이 본원적 연관성 즉 우리가 가진 원소들이 별에서 왔다는 것! 우리는 모든 다른 형태의 생명과 직접 연결된다는 우주 이야기가 우리를 공동의 운명으로 만

들어 준다. 세계의 모든 생태운동, 로컬 지역운동, 사회정의
는 공동운명의 면역반응으로서 풀뿌리운동이다. 이 글로벌
흐름은 어느 누구도 거역할 수 없다.

2007년 사회적 기업 육성법이 제정된 이래, 사회적 기업
즉 이른바 사회와 경제를 통섭하려는 우리의 미션은 이 우
주가 하나로 연결되어 있다는 출발점을 다시 회복시키려는
것이다. 통섭이라는 단어에 주목해 주기 바란다. 통섭, 융합,
통합 즉 창조에 관계되는 것이다. 이 말들은 새로운 창조에
연결된 말들이다. 사회적 기업은 우리 사회에 공공성을 회
복하자는 살림살이 운동이다. 공동체를 회복하자는 것이 사
회적 기업이다. 가난한 사람들을 사회 속으로 나오도록 햇
살을 비추는 것이다.

하루에 40명이나 자살을 한다. 이렇게 자살이 폭증하는 것
은 공동의 소속감이 무너졌다는 증거이다. 최근에는 취약계
층 노인들의 자살률이 높아지고 있다. 대부분은 우울증이
다. 자살률이 제일 낮은 이집트와 네팔 등은 아직도 전통사
회의 공동체성이 강하게 남아 있다. 공동체는 IMF 이후의
개체화로 파괴되고 말았다. 공동체도 파괴됐지만, 그렇다고
해서 긍정적인 근대적 의미의 개인이 만들어진 것도 아니
다. 결국 한국을 세계 2위의 자살 최강국으로 만든 자살 행

렬들을 멈추려면 이 두 과제를 우리가 동시에 실행해야 한다. 수평적 연대에 기반한 공동체성 회복과 진정한 권리와 책임을 동시에 절감하는 해방적 의미의 '개인'의 완성이다. 공동체적 회복이 사회적기업의 미션이다.

우리는 흔히 '경제 민주화'라는 말을 한다. 경제 민주화 없이 정치 민주화가 이루어지기는 어렵다. 프란치스코 교황님은 배제와 불평등의 사회를 비판하며 "오늘날은 경쟁과 적자생존의 법칙에 지배되고 있으며, 힘 있는 사람이 힘 없는 사람을 착취하고 있다"고 했다. 이처럼 사회에서 배제된 사람은 "더 이상 사회의 밑바닥이나 변방에 속한 것이 아니라 사회의 일원도 아니며, 버려진 잉여가 되었다"고 고발했다.

"'살인하지 마라'는 십계명이 사람의 생명을 지키기 위한 분명한 규범이었듯이, 우리는 배제와 불평등의 경제에 대해 '그래서는 안 된다'고 말해야 한다. 이런 경제는 사람을 죽인다. 늙고 집 없는 사람이 노숙하다가 죽었다는 것은 뉴스가 되지 않지만, 주가지수가 2포인트 떨어졌다는 것은 뉴스가 된다. 어떻게 이럴 수 있는가?"

교황은 자유시장체제로 경제가 성장하면 세상에 더 큰 정의와 통합을 가져온다는 '낙수이론'을 비판하며, "이 가설은 확인된 적이 없으며, 다만 경제적 지배 권력의 선의와 지배적인 경제체제의 신성화 작업에 대한 순진한 믿음"이라고 비판했다. 또한 금융자본주의를 "새로운 우상"이라고 지목하며, 국가도 통제할 수 없는 경제 권력을 "눈에 보이지 않은 채, 가상의 존재로 군림하는 경제적 폭정"이라고 지적했다.

경제가 사람을 죽인다는 것이다. 신자유주의와 경쟁, 바로 이것이다. 사회와 경제라는 두 영역으로 분리되었던 장벽을 무너뜨리고 우리가 더 나은 세상을 만드는데 좌우 두뇌를 모두 사용하듯이 사회적 공동성과 이윤이라는 두 마리의 토끼를 잡은 하이브리드 기업이 사회적 기업이다. 이 이윤을 어떻게 공동성을 위해 사용할까 하는 것이다. 우리 현실은 불평하고 원망할 수도 있고, 누굴 탓할 수도 있다. 그러나 사회적 기업은 이 세상의 어느 부분인가를 개혁하기 위해 숨어있는 가능성을 바깥으로 끄집어내고, 각 개인이 가진 잠재력을 풀어 헤치는 것이다. 마치 지렁이처럼 어두운 땅속에서 이리 저리 헤치면서 이 사회에 통풍 즉 소통을 가져오는 것이다.

참여하고 질문하고 듣고 관찰하고 협동하는 것이다. 협동이야말로 함께 숨 쉬는 플랫폼이다. 생각의 베이스캠프인 배낭이 필요하지 스펙이나 자격증이 필요한 것은 아니다. 자기계발서를 읽으면서 하늘은 스스로 돕는다는 자조의 사회에 서로 돕는 '공조의 사회'로 만들어 가는 것이 사회적 기업이다.

영재나 특별한 사람이나 엘리트들에게만 사회적 기업이 적용되는 것은 아니다. 업종도 다양하고 할머니, 할아버지, 장애인, 다문화 가족, 욕쟁이, 나물박사, 모녀 등 예민한 촉수와 더듬이를 가진 멋진 분들이 많다. 누구나 충분한 가능성이 있다. 참으로 우리 시대는 다양성과 창의성의 시대이다. 다른 차이를 통섭할 수 있을 때 이것이 발전이며 리더십이며 신성한 차이다. 다양한 시각으로 세상을 바라볼 수 있는 리더십이 사회적 기업가다. 다양성과 창의성을 존중하는 것이 정의다. 결국 리더십은 차이를 만들어내고 다른 차이를 내 안의 차이에 통합하여 리더십의 지평을 넓혀가는 것이다. 차이를 무너뜨리는 획일화야말로 우주 진화를 방해하는 오염된 의식이며 암이다. 햄버거나 콜라를 보면 세계화는 지역화를 파괴한다는 것을 알 수 있다.

2012년 현재 우리나라에서는 인증 사회적 기업 630개, 예비 사회적 기업 1,200개 등 모두 1,800여 개의 사회적 기업이 활동하고 있다. 초창기 사회적 기업 육성 정책은 정부 주도하에 3년간 인건비를 지원하는 방식으로 눈에 띄는 성과를 가져 왔다. 그러나 3년의 지원이 중단된 뒤 경영에 어려움을 겪거나 아예 문을 닫는 사회적 기업이 늘어나면서 사회적 기업의 지속가능한 성장에 대한 비판의 목소리가 높아지고 있는 것도 사실이다. 발효기간이나 뜸이 참으로 필요하다. 다음 4가지 특징을 주목하자.

1. 귀 기울여 듣기 - 공감
2. 현실적 문제에 대한 대안이나 해결책 찾기
3. 인성도 실력이다.
4. 예외적인 것에 주목하기 - 틈새

틈새 주목하기의 한 사례로 푸른평화운동을 들 수 있다. 아무도 그런 운동을 생각하지 못했다. 우리 천주교에서도 비누운동, 우리밀운동, 유기농산물운동, 환경호르몬 추방 등 생활의 작고 큰 이슈를 사회와 신앙공동체에 대안을 제시하였다. 푸른평화생활협동조합은 1990년에 이 운동을 시작했다. 처음에는 10평의 매장에서 시작했다. 20년 중에 10년은 갈지자로 걸을지라도 나아갔다. 부딪치고 또 부딪치고, 깨지고 또 깨지고, 실패에서 배우지 못하면 그것이 더 큰 실패이다. 여러 어려움에 부딪쳤을 때, 사람들이 여러 차례 조정과정을 거치고 그 어려움 가운데서 창조성을 발휘하도록 하는 것, 바로 문제 해결의 창조성이다.

큰 변화도 작은 변화에서 시작되고 이 시작점이 발화되어 적어도 사회적 밥상을 변화시킨다. 처음에는 개인의 역량에서 시작된다. 이 시작의 믿음은 전염성이 강하다. 적어도 세상을 변화시킬 수 있다는 믿음이다. 좋은 것은 광고비가 들지 않는다. 저절로 소문이 퍼져 나간다. 이것이 희망이다. 바라는 것을 내가 해내는 것이 다른 사람에게 영향을 끼치는 것이다.

믿음이 갑자기 생겨나는 것이 아니다. 뜸과 발효기간이 필요하다. 절대 조급하거나 매화처럼 일찍 꽃이 피어서는 안 된다. 늦가을에 피는 국화꽃처럼 은은하게 피는 것이다.

예를 들면 원주에 아주 멋진 사례가 많다. 적어도 1986년부터 생활협동조합이 시작되었다. 지금은 네크워크도 잘 되어 있고 노숙자협동조합도 발족되고, 의료생협 등 생활 속에 다양한 조합이 연대를 맺고 있다.

사회적 기업을 성공시킬 수 있는 기업가적인 마인드를 소개하면

첫째, 지속 가능하고 끝까지 가는 것이다. 하나둘 성공했다고 만족해하지 않고 비즈니스 혹은 마케팅 하는 것이다. 사회적 변화에 더욱 더 마음을 둔다.

둘째, '어떻게'에 대한 답을 찾아낸다. '어떻게'라는 질문에 끈질기게 매달리는 것이다. 현실적인 답을 찾아내는 것

이다. 방글라데시의 그라민 은행과 다카에까지 진출한 한국의 꽃동네! 돈이 없으면 출자하여 돈을 모았다. 진정한 연민은 거지에게 동전 한 푼 던져 주는 것이 아니라 거지를 만들어 내는 체제를 바꾸겠다는 생각을 하는 것이다.

셋째, 진정성이다. 꽃에는 향기, 인간에게는 품성 - 진정성은 품성으로 완성된다.

이것이 희망의 복귀이다.

아름다운 사람들과
협동조합

　최근에 우리 사회에서 공동체를 건설하는 운동이 붐을 이루고 있다. 공동체 건설은 하루아침에 이루어지지 않는다. 무엇보다도 공동체를 재건하는 것은 긴 호흡과 긴 안목이 필요하다. 협동공동체를 만드는 것은 인류가 1만 년 이상 생활해 온 삶의 방식이며, 서로 보살피고 협동하는 관계야말로 개인에게 행복을 공유하는 근원이었다. 공동체를 요즈음 용어로 말하다면 '생활협동조합'이다. 부의 양극화 문제와 카지노 경제를 해결하려는 대안적 삶을 지향하며 올해만 하더라도 3천 개 이상의 협동조합이 설립되었다고 한다. 대구·경북만 하더라도 1200개나 만들어졌다. 그러나 새로 신설된 협동조합 중에 30% 내지 40%만 가동된다고 한다. 바야흐로 우리의 대세는 협동조합의 르네상스이다. 협동의 가치는 마음만 먹는다고 대번에 나오는 물건이 아니라 인적 관계망의 발효기간과 뜸이 필요하다.

협동조합에서 협동하는 주체는 사람이지 자본이나 권력이 아니다. 이때 사람은 이익에 눈먼 사적 이기주의나 집단 이기주의도 아닌 개인의 평등과 자유이다. 우리 교회가 생각하는 협동조합은 '거룩한 협동조합'이다. 스페인 바스크 지방에 있는 '몬드라곤 협동조합'은 젊은 가톨릭사제인 조세 마리아 아리즈멘디아라에타를 통해 1956년에 출범했다. 이탈리아 '트렌티노 협동조합연맹'은 1895년에 창립되었다. 이미 우리의 역사 안에는 사례와 모형이 있다. 최근에 수원교구장 이용훈 주교님이 전 세계의 다양한 생활실천모형으로 생활협동조합을 소개하고 있다.

우리 가톨릭 교회는 공동체 혹은 소공동체, 협동, 연대라고 자주 말하면서 제대로 현실과 사회의 가치를 결합해서 만들어낸 공동체 실천 모형을 찾기가 힘들다. 역사적으로 보면 지학순 주교님이 원주교구 취임 2년 후에 진광중학교를 설립하고 1969년 10월에 '협동교육연구소'를 설립한다. 가톨릭 원주교구의 진광 학교와 협동교육 연구소는 상당히 중요하고 큰 의의를 갖는다. 영국의 런던과 캐나다 퀘백에서 초·중·고 대학에 이르기까지 협동조합교육을 시행하고 있는 것을 보면 지학순 주교님의 예언자적인 비전을 알 수 있다. 교구 하나가 어디에 설정되느냐, 그 교구에 어떤 주교가 취임하느냐 하는 것이 무슨 큰 차이가 있겠냐 싶지만, 그

후의 역사를 보면 한 순간의 결정으로 인해 아주 다른 결과가 나타날 수 있다는 것을 알 수 있다.

지금도 늦었지만 진광중학교 부설 '협동교육연구소'의 협동운동을 부활시켜야 한다. 결론적으로 이야기하면 1956년에 장대익 신부님이 가톨릭 장호원교회에서 생산자협동조합을 시도했다(탈곡기 공동운영). 1962년에는 메리놀수녀회에서 '협동조합 교도봉사회'를 설립하고 1970년대에는 가톨릭 원주교구 진광 신협, 세교 신협이 설립되었다. 1981년에는 장일순 선생님을 비롯한 원주지역 활동가들이 천주교 일본교구의 주선으로 일본유기농업과 생협운동을 견학하고 보고서를 발행했다. 한국 가톨릭이 장대익 신부님, 가별 수녀님, 장일순 선생님, 지학순 주교님의 공동체 비전과 생태적 비전을 받아들이지 못한 것은 우리 현대 교회사에 있어서 뼈 아픈 실책이 아닐 수 없다.

60년대 한국신협운동 역사상 큰 역할을 담당해왔던 협동교육연구원의 전신은 협동조합 교도봉사회이다. 협동조합 교도봉사회는 1963년 7월에 서울로 이전하면서 협동교육연구원으로 이름을 바꾸었다. 1970년도 후반 이후에 서울대교구가 협동교육연구원의 운영을 맡았는데, 그 이후로 규모가 축소되었다. 특히 1996년 6월 30일 천주교 서울대교구는 협동교육연구원을 폐쇄하기에 이른다. 이 폐쇄를 보면 서울교구는 시대의 표징을 전혀 읽지 못했다.

신협의 대모 메리 가별 수녀

·

원명은 Mary Gabriella Mulherin으로 1900년 5월 21일에 태어났다. 20세기 원년에 출생한 가별 수녀는 1930년 30세에 미국 메리놀회 소속의 선교사로 내한, 1950년 6·25동란 전까지 20년간 신의주와 평양 근교의 명주지방에서 선교활동을 했다. 평양교구에서 20년간 평범한 선교활동에 심혈을 기울이는 동안 50세에 6·25동란을 맞이했다. 민족의 비극인 6·25는 가별 수녀에게 새로운 주님의 사업에 참여하는 계기를 심어주었다. 6·25동란으로 미국 하와이로 피난한 가별 수녀는 52년에 다시 내한, 부산 메리놀 병원에서 구호사업, 특히 전쟁미망인들을 위한 복지활동에 전념하였다.

전쟁 복구에 뛰어든 가별 수녀는 외국민간원조기관 한국협의회(KAVA) 이사를 역임하면서 "한국문제는 한국사람들 스스로가 해결할 수 있는 힘을 길러줘야 한다"고 역설했다.

전후 복구 작업에 참여하면서 한국민에 자조자립을 염원해 온 가별 수녀는 57세에 캐나다 사베리오 대학에서 안티고니쉬 운동(Antigonish Movement)을 연구하고 돌아와 자조·자립·협동을 기조로 한 협동조합 운동을 한국에 소개하기 시작했다. 이것이 한국 신용협동조합 운동의 태동이라 볼 수 있다.

가별 수녀는 자신이 소속돼 있던 KAVA를 비롯 UNCRA·CUNA등의 협조를 얻어 협동조합 연구회·강연회 등을 개최하였다. 전후戰後의 궁핍한 생활 속에서 저축할 것이 없는 서민들에게 상부상조를 통해 스스로 가정경제를 향상시키는 방법을 모색하자고 호소했다.

이러한 준비과정을 거쳐 1960년 3월부터 부산 메리놀 병원의 나자렛 집에서 메리놀 병원, 성분도 병원, 가톨릭 구제회의 임직원들을 대상으로 최초의 신협인 '성가신용협동조합'을 창립하였다.

메리 가별 수녀와 그 동지들의 각고 끝에 태어난 이 조합은 이듬해 CUNA에 가입, 그 뿌리를 내리게 되었다. 가별 수녀는 조합원 교육에 온갖 정성을 쏟으면서 신협운동의 조직적인 보급을 위해 62년 협동조합 교도봉사회(현재 서울대교구 협동교육연구원)를 부산에 창립, 초대 원장으로 일했다. 단위조합이나 임직원들로부터 재정원조를 기대할 수 없는 형편이라 가별 수녀는 서독(독일은 그 당시 동·서독으로 분리되어 있었음)의 미세레올, 미국의 가톨릭구제회 등에서 재정적 도움을 받아 협동조합 교도봉사회를 이끌어갔다. 또한 같은 해 10월 14일에는 한국 최초로 부산에서 '국제신용협동조합의 날' 기념식을 개최하였고, 그 이듬해에는 경남지부가 세계신용협동조합 경진대회에서 최우수상을 받기까지 했다.

생협의 대부 장일순

·

　1960년 3월에 강원도 원주에 천주교 원주교구가 세워졌고, 장일순 선생은 37세인 1965년 6월에 원주교구의 설정과 함께 주교로 부임한 지학순을 만나게 되었다. 이때부터 원주는 지역자치운동의 첫 시발점이 되었다. 요한 23세의 제2차 바티칸 공의회의 선언에 따라 평신도 역할과 활동을 중시한 지학순 주교의 사목방침은 주교좌성당인 원동성당에 다니고 있던 사회운동가 장일순과의 필연적인 만남으로 이어진다. 두 분은 처음 만나서 지학순 주교의 사목방침에 따라 본당의 재정자립과 평신도의 역할 강화를 위하여 본당별로 자치위원회를 조직하고, 1966년 11월 원동성당에서 처음으로 신자들 35명과 출자금 64,190원으로 원주신용협동조합을 창립하게 되었다. 이후 두 사람은 70년대 민주화운동과 자립적인 생명공동체운동을 평생 함께한다.

　그 이후 문막성당에 문막신협, 단구동성당에 단구신협, 주문진에 주문진신협, 영월에 삼옥신협 등이 조직되었다. 1969년에는 진광학원이 설립되면서 학생들의 협동교육과 강원지역 사회개발을 위한 신협운동의 보급과 조직육성에 설립목적을 둔 부설 협동조합 연구소가 설립되어 협동조합 운동이 본격적인 기틀을 갖추게 되었다. 1972년에는 원주지역 협동조합운동에 중요한 전기가 마련되었다. 신용협동조합법이 제정되어 합법적인 승인을 받았다는 점으로, 이때 만들어진 신협만 농촌과 광산에서 46개에 이른다. 원주캠프로 불리는 이들은 70년대 지학순 주교와 김지하 시인의 구속사건으로 뜨거워진 원주민주화운동의 핵심 역할을 하게 되며, 한국의 신협운동과 협동운동의 초석을 만드는 선구자가 되었다. 이들 뒤에는 늘 장일순 선생이 있었다. 지금 원주시의 인구는 32만 명인데 그중 2만 명이 협동조합의 회원으로 참여하고 있다. 협동조합운동을 지원하기 위해 2003년에 창립한 원주협동조합운동협의회는 다양한 회원단체와 관련 조직을 포함하고 있다.

생명운동의 또 하나의 씨앗인 지학순 주교님, 장일순 선생님의 생명운동의 비전을 지금의 원주교회에 통합되지 못한 것이 아주 큰 한계였다. 가별 수녀님의 신협, 지학순 주교님의 한살림, 생협이 같은 교회 안에 동반되거나 통합되지 못한 것이 오늘날 가톨릭의 폭과 포용력을 잘 드러내주고 있다.

•

1950년대에서 90년대 말까지 바티칸의 흐름을 살펴보면, 교황님의 편지나 담화문에서 단순히 자연을 자원, 인간이 개발해야 할 물리적 재산으로 보았다는 것을 알 수 있다. 1990년도 교황 요한 바오로 2세부터 이 시각이 분명이 바뀐다. 피조물을 자원으로 보지 않고 인권만큼 소중한 윤리적 가치로, 평화의 가치로, 명상의 가치로 바뀌고 있다. 요한 바오로 2세는 이 같은 생태 파괴를 유발하는 원인을 단순히 경제 활동에서 보는 데서 그치지 않는다. 그는 생태 파괴가 윤리적 차원을 띤다는 것을 직시하면서 '생명 존중의 결여'와 '인류의 오만'을 근본 원인으로 제시한다. 그런 가운데 그는 생태계의 영향이 개별 국가에 머물지 않는 것이므로 그 치유책도 전 지구적이어야 한다는 것을 강조하면서, 생태에 대한 권리를 새로운 인권 지평으로 포용하고 있다. 교황 베네딕토 16세께서도 인간생태학, 자연생태학, 사회생태학을 통합하여, 평화생태학이라는 이름으로 2007년에 하느님의 창조 중심의 발전관을 그리고 있다. 통합된 생태지평이다.

한국 천주교회의 인간중심주의 생명관

그런 반면에 한국 가톨릭이 1990년대부터 2010까지 20년 동안 낸 담화문, 성명서, 주교님의 사목교서를 분석해보면 바티칸의 이런 흐름을 전혀 감지하지 못하고, 인간생명만 거론하고 있다. 바티칸으로부터 거꾸로 가는 한국 천주교회이다. 낙태 문제, 배아 문제, 성교육 문제, 모자 보건법 문제, 성 문제 등만 교회는 늘 거론하고 있다. 생태 문제는 겨우 1~2건 정도, 새만금 문제와 4대강 문제 등 인간복지가 우선이다. 그러나 인간 생명에 대한 문제를 거론하면서도, 구체적으로 어떻게 해야 하는지를 말하지 않으면서, 같은 얘기만 반복하고 있다. 그리고 인간 생명과 생태 생명을 이원화시키고 분리해서 말하고 있다. 2000년도는 1990년대보다 오히려 인간 생명에 대한 이야기를 더 강조하고 있다. 인간 생명과 생태 생명은 통합적으로 접근함이 필요하다.

필자는 1998년에 우리 교구에 보좌주교님, 사무처장 신부님, 복자담당 신부님, 그리고 여러 신부님을 모시고 일본 고베생협을 견학한 적이 있다. 그리고 개인적으로 일본에 생협 연수를 갈 때마다 여러 신부님을 초대하여 함께 갔다. 그 이유는 우리 교구에 소공동체 운동과 본당 반 조직을 통한 생활협동조합을 결합시키고자 비전을 잡았기 때문이다. 그러나 교구의 반대로 무산되었다.

그래서 90년대 월배와 상인성당주임신부로 사목할 때 본당 '반'조직을 통해서 도농직거래 운동을 하기 시작했다. 이 운동이 지금의 푸른평화 소비자생활협동조합이 되었다. 이 협동조합이 본당조직이나 교구조직 안에서 성장하지 못한 것은 사목자간의 연대의식의 부족과 평신도의 역량의 부족 때문이다. 이에 푸른평화 소비자 생활협동조합도 신협이나 한살림처럼 교회구조에서 떨어져 나와 독자적으로 성장하고 있다.

통합적으로 실천하는 사목의 블루오션을 개척해야

한국 가톨릭 교회의 생명 인식의 패러다임이 부분에서 통합적인 접근, 평화를 바라보는 전체적인 패러다임으로 바뀌어야 한다. 생명에 대한 이론적 시각에서 인간생명과 자연생명이 떼려야 뗄 수 없다는 인식과 함께 생명문제가 평화생태의 문제, 인권의 문제이자 정의의 문제이며, 평화의 문제로 연결된다는 인식이다. 이런 상황에서 한국교회 전체차원에서 생명에 대한 인식을 보다 더 깊이 있게 하고 실천해나가기 위해서는 전국차원의 연구기관을 만들어서 장기적인 프로젝트를 구성하고 각 교구가 연대할 수 있는 연구가 이루어지는 시스템을 개발할 것을 제안한다. 한국가톨릭 교회에는 조직의 강점이 있으니 씨만 뿌리면 된다.

토마스 베리에 대한 추억

창조물 안에 나타나는 우주적 그리스도를 찬양하며

2000년, 새 천년 6월 초에 캐나다 토론토에서 약 2시간 정도 걸리는 이리호 근방에서 해마다 열리는 포틀랜드 토마스 베리 신부님 세미나에 서울교구 이재돈 신부의 안내로 처음으로 참석하게 되었다. 당시 이재돈 신부님이 토마스 베리 신부의 제자에게서 박사학위과정을 밟고 있었다.

토론토에서 다시 이 신부님을 만나게 된 것은 우연한 일만은 아니다. 우린 20년 전부터 한국 가톨릭 환경운동에 함께 투신한 동행인이기도 하다. 우리 둘 다 최초로 환경 전담 신부로 임명되기도 하였다. 사회적 운동과 종교적 영성의 결합을 위하여 1993년 '전국 환경 사제 모임'도 조직하여 적지 않은 성과를 올리기도 하였다. 특히 기억할 만한 추억은

1998년 동강 살리기 기도회에서 정의구현사제단과 환경사제모임이 함께 참석하여 '정의-평화-창조질서 보존(JPIC)'이라는 새로운 패러다임의 한 모델을 창출한 것은 큰 보람이었다.

만나보고 싶은 사람을 만난다는 것은 은혜로운 일이다. 그래서 부버는 "만남은 은총"이라고 했는가 보다. 『우주 이야기』(맹영선 역), 『지구 꿈』 그리고 『위대한 과업』(이영숙 역) 등 책으로만 대했던 토마스 신부님을 직접 만나서 강의를 듣는 행운이 2000년에 나에게도 왔다. 최근에 번역되어 나온 그 분의 『우주 이야기』와 『위대한 작업』이야말로 토마스 베리 신부님의 목소리를 직접 들을 수 있어 얼마나 축복인지 모른다. 특히 이 어려운 우주 이야기를 번역하신 맹영선 선생님에게 감사드린다. 번역이야말로 제2의 해석이며 창조이기 때문이다.

『우주 이야기』, 이 책은 적어도 북미에 있어서 환경과 우주론은 물론이고 종교, 경제, 사회, 교육, 의학, 신학, 영성 역사 등 영향을 끼치지 않은 부분이 없을 정도이다. 데이비드 코튼은 토마스 베리의 우주 이야기와 경제를 통합시켜 『포스트 자본주의의 삶』이라는 책을 작업하였다. 코튼은 이 책에서 인간이 행성지구에서 지속가능한 양식으로 바뀌는 중간단계를 제안하였다. 현재 전 지구인이 미국 수준의 삶을 살아가려면 두세 개의 행성이 더 필요하다.

한국교회 신학계가 종교적 근본주의를 치유하려면

토마스 베리 신부님은 예수 고난회 소속의 수사이면서 가톨릭 사제이며 또한 문화역사학자이고 지질학자이다. 중국에서 유학을 연구하기도 한 그분의 영성은 사제이면서 사제를 넘어서 있다고 나는 느꼈다. 토마스 베리 신부님은 미국의 사상에 영향을 준 100인 가운데 한 분이라고 평가받고 있다. 그만큼 그분의 사상과 영성이 넓다는 말이 되겠다. 떼이야르 샤르뎅 신부님이나 토마스 베리 신부님에게 참으로 아쉬운 것은 이분들의 사상이 가톨릭 영적 전통에 결합되고 있지 않다는 것이다. 오히려 무시되고 있는 실정이다.

마치 맨홀의 뚜껑처럼 출로가 막힌 우리 신학에 이분의 사상이 한 줄기 서광이 되기를 나는 바라고 있다. 특히 한국 가톨릭 교회의 신학계가 그렇다. 이 시대의 마지막 이데올로기인 '종교적 근본주의'를 치유하려는 이 과제는 우리의 과제이고 도전이기도 하다. 지난 20세기가 사회학이나 심리학의 시대라면 적어도 21세기는 우주론의 시대이기 때문에 더욱 그렇다. 그분은 지구신학자이다. 종교적 우주학, 우주신학이라고 말할 수 있을까? 문명사적 전환기에 우주에 대한 인간의 인식이 바뀌고 있고 새로운 패러다임을 찾고 있는 이 시대에 걸맞은 영성이 출산되기를 바라는 현대인의 갈망을 읽어내는 작업이 필요한데 바로 토마스 베리 신부님의 『우주 이야기』가 바로 그것이다.

지금 우리 교회의 은총론과 성사론은 사다리식의 계층적 우주론에 축을 두고 있다. 이 우주론은 분리와 고립 그리고 종교적 자폐 그 자체이다. 지금의 이 위기는 우주론에 대한 인식의 위기이다. 구 우주론은 전혀 작동이 되지 않고 전혀 오늘날 시대에 먹히지 않는다. 새 우주론은 아직 발전되지 않으니 지금의 종교가 답답하고 포용적이지 않고 배타적일 수밖에 없다.

"종교단체들도 자연계가 신이 자신을 드러내 보이는 가장 으뜸이 되는 계시임을 더욱 효과적으로 가르치지 못하는 한계를 드러내고 있다. 단순히 말로서만 계시를 전하고 자연계에 드러난 신성한 계시를 간과하는 것은 신의 계시를 왜곡하는 것이다. 덧붙여서 서구의 종교가 지나치게 전통적으로 구원의 과정을 강조하면서 창조의 과정에 대해서는 간과하고 있음을 유념할 필요가 있다. 단순히 구원의 과정만 강조하게 될 경우, 생명의 직접상 안에서 신성을 경험할 수 있는 종교적 은혜와 멀어지게 된다."(『위대한 과업』 109쪽)

이 지적은 지금 우리 교회가 왜 영적 공황상태에 빠져 있는지를 잘 말해준다.

자연계와 인간의 연대성

.

토마스 베리 신부님의 『우주 이야기』를 통해 우리 존재에 대한 기본적 이야기에 대한 나의 이해는 극적으로 변했다. 새로운 우주 이야기에 비추어, 전통적 우주 이야기는 더 이상 나를 만족시켜줄 수 없게 되었다. 구 우주론은 인간과 모든 생명들이 희망적인 미래를 향해 나아갈 수 있다고 내가 진정으로 믿을 수 있는 구체적인 배경을 제시해주지 못한다. 오히려 분리, 소외, 개발이라는 우리의 태도와 행동을 통해 드러났듯이, 자연계로부터 인류가 서로 분리되는 과정이 생태계의 위기를 가져다주었다는 것이 아주 명백하다.

이제 우리는 수없이 많은 생명체들에게 광범위한 파괴적 결과를 초래한 지구적인 규모의 생태 위기를 경험하고 있다. 너무나 오랫동안 우리는 자연계에서의 위치를 망각하고 있었다. 우리는 다른 생명들과의 연대의식을 상실했다. 인간만이 특별히 영혼을 부여받았으며, 그러므로 인해 지구상의 다른 생물들에 우월하다는 사상은 나로 하여금 인간 외그 어느 생명체에 대해서도 어떤 중요한 연대의식을 느낄 수 있도록 허용하지 않는다. 연대감이 결여된 채, 나는 자연계란 인간 공동체의 이윤에 종속해야 한다는 좁은 인간중심적 세계관을 가지고 살아왔다.

물질적 퇴보는 '영혼의 상실'

•

내가 종교적 착각 속에서 살아왔다는 생각에 눈을 뜨게 된 것은 1980년대 말 서서히 생태적 위기에 당면하고 있는 시대에 살고 있으며, 죽음의 방울소리를 듣기 시작하게 되었기 때문이다. 1991년 낙동강 페놀사건, 1998년 동강, 2003년 새만금 그리고 2010년 4대강을 거쳐 오면서 우리 교회가 오히려 정의롭지 못함을 우리는 체험한다. 연대의 실패는 정의의 상실이기 때문이다. 아름다운 4대강의 물질적 퇴보는 우리 내면의 퇴보이며 우리의식의 빈곤이다. 오랫동안 우리와 살아온 강변의 옥토를 무참하게 파내는 것은 단순히 이 나라의 강변을 파괴하는 것만이 아니다. 흐르는 강물의 아름다움을 체험하면서 생겨난 예술, 경이, 시, 감수성, 종교적 찬미를 상실하는 것이다. 그것은 강변이나 돈을 잃어버리는 것보다 더 큰 영혼의 상실이다.

우주, 지구, 그리고 지구상의 생명이 어떻게 생겨나게 되었는지에 대한 새로운 이해가 이제 나의 의식 속에 떠오르고 있다. 이 새로운 이야기가 나를 이끌어주는 가운데, 나는 자연계에서의 우리의 위치, 즉 지구 공동체와 우주 전체 생명 공동체와 조화롭게 사는 바로 그것이 요구되고 있는 우리의 위치에 대해 보다 높은 의식을 가지게 되었다. 인간이 종으로서 자신을 성찰하고 오만한 인간중심주의의 힘을 빼는 작업이다.

인간 외의 다른 모든 생명체들과 함께 공통의 우주창조이야기를 공유하고 있음을 내가 처음 알게 된 것은 토마스 베리의 『우주 이야기』에 대한 배움 때문이다. 토마스 베리 신부님의 『우주 이야기』는 처음으로 나에게 전체 우주가 150억 년 동안 등장해 왔고, 계속 진화팽창하고 있으며, 존재하는 모든 것들은 물질과 정신이 정답게 결합되어 있는 것임을 깊이 사색해 보도록 도와주었다. 우리의 창조 이야기가 어떻게 우리의 태도와 활동에 영향을 주고 있는지에 대한 그의 통찰력을 통해 나는 나를 형성해온 종교적 세계관과 우리 시대 생태 파멸사태 간의 연관성을 인식하기 시작했다. '생태대'로 가라는 메시지이다 (김준우 역 『신생대를 넘어 생태대로』). 모세이후 행성을 출애굽하라는 메시지이다. 그러기 위해서는 종의 차원에서 지금의 산업적 상업적 탈취경제에 대한 비판적 성찰이 필요하다.

．

20세기 놀라운 업적들 중 하나는 실험적 관찰로부터 지구, 살아있는 세계, 그리고 인간 공동체를 존재로 생겨나게 한 변천의 연속과정에 대한 놀라운 지식을 가지고 우주 이야기를 할 수 있게 된 우리의 능력이다(맹영선 역 『우주 이야기』 7쪽). 내가 볼 때 20세기 이 이야기는 우주의 전개에 대한 가장 중요하고도 최신판인 과학적 지식이며, 이 놀라운 등장이 가진 위대한 신비에 대해 나로 하여금 깊이 생각해보게 한 심오한 영적 이야기이다. 이것은 전체 우주는 거룩하며, 우주를 구성하는 각 부분은 각기 자신 외 다른 구성부분들과 관련되어져 있음을 가르쳐 준다. 우주는 하나의 단일성으로 살아있다는 부활의 메시지이다.

이 창조 이야기는 그 어느 다른 창조 이야기도 과거에 내게 해주지 못했던 것을 해준다. 즉 이것은 내 존재의 깊은 곳에서 엄청난 경외감과 우리 우주가 담고 있는 활동, 표현, 그리고 친교의 신비스러운 놀라움에 대한 경이로움을 불러일으킨다. 이것은 너무나 역동적이어서, 활동과 놀라움에서 끝이 없는 것으로 보이는 우주의 창조성에 대해 깊이 생각해보게 해준다. 과거에는 대개 그냥 거기 존재하고 있는 것으로만 보였던 우주의 생명체들과 요소들을 새로운 눈으로 처다보게 해준다.

토마스 베리 신부님은 성경을 10년간 덮어두고 자연을 보라는 말을 한 적이 있다. 나는 우주의 탄생을 가져다준 에너지로부터 생겨났으며, 내 안에 있는 이 에너지는 거의 130억 년의 역사를 가지고 있다는 새로운 우주적 정체 의식을 심어준다. 나는 우주라는 단일 창조사건의 한 부분이다. 나는 우주 안에 있으며, 동시에 우주는 내 안에 있다. 강의 시리즈인 '우주찬가'에서 물리학자 브라이언 스윔은 다음과 같이 표현하고 있다.

"이미 생물-영적(biospiritual)이지 않은 에너지는 이 우주에 아무것도 없다. 우주에 존재하는 유일한 에너지는 시간의 시작 때 포효하며 터져 나온 그 에너지다. 이것이 사상, 물리학 그리고 지구의 모든 숭고한 감정의 탄생을 가져다 준 그 에너지다. 이것은 거대한 에너지다. 근본적인 창조 사건은 우주 그 자체다."

창조 이야기는 우주라는 발달 중인 창조활동 안에서 나 자신의 존재에 대한 새로운 이해를 가져다주었다. 나는 한때 우주 안에 있는 모든 것들은 시간과 공간 속에 고정되어져 있는 것이며, 내가 충분히 큰 컨테이너 박스를 하나 가지고 있다면 전체 우주를 그 안에 집어넣을 수 있을 것이라고 생각했다. 이제 나는 우주는 멈춤 없이 부풀고 있는 밀가루 반

죽 같은 것이기 때문에 충분히 큰 박스란 결코 있을 수 없음을 깨닫는다. 토마스 베리는 이것을 '시간과 공간의 정겨운 굴곡'이라고 설명하고 있다. 내 삶은 부풀어 오르는 역동적인 굴곡, 계속되고 있는 드라마의 한 부분이다. 얼마나 놀라운 계시이며 은총이며 축복인가?

우리 시대 희망의 징표, '거룩한 우주'

난 이런 우주론을 교회나 신학교에서 들어 본 적이 없다. 지난여름 초 대구 남산동 신학대학 교정 안에서 신학생이 저녁기도 산책시간에 묵주기도를 하면서 "우리를 지옥벌에서 구하시고…" 하며 외는 것을 들었다. 이것이 우리의 신앙살이의 현실이다. 내 생각엔 물리적 의미에서의 지옥은 없다고 확신하다. 우리가 우주 이야기를 듣지 않는다면 참으로 귀머거리이다.

토론토에서 4박 5일 동안 지내면서 내가 느낀 점은 마치 옛날에 할아버지가 동네 아이들에게 삶의 지혜들을 이야기 식으로 해 주는 것처럼 우리에게 우주 이야기와 어린이를 위한 '우주교육'에 대해서 이야기를 들려주는 것이었다. 자신이 사제라든가 수도자라든가 대학자라든가 그런 것과는 아주 먼 마치 옛날 이야기하듯 이런저런 이야기를 들려주고, 아이들처럼 마구 던지는 되지도 않은 질문을 들어주고, 설명을 해주며, 시도 외우는 등 그야말로 소탈하게 함께 하는 모습이 너무도 인상적이었다.

나는 그분의 우주 이야기를 통해서 내가 어디에 있고 무엇을 해야 할지를 더욱 명료하게 깨닫는 계기가 되었다. 지금이 고생대-중생대-신생대 그리고 생태대라는 것에 분명하게 자리를 매겨 주었다는 사실이다. 서양이 오히려 자연을 소외시켰다는 사실과 그리스도교가 더욱 신학적으로 영성적으로 소외를 가중시켰다는 사실을 지적하였다. 서양은 범신론을 아예 무시하였고 동양은 자연 신비주의 오류를 범했다는 점에서, 서양은 동양의 우주론 즉 주역을, 동양은 서양의 인권을 서로 배울 필요가 있다. 이것은 다르게 말하면 서양은 개인주의가 너무도 멀리 가버렸고 동양은 자연의 질서에 대한 순응, 전체주의나 집단주의가 너무도 몸에 배었다는 것이다. 이것도 큰 문제이다. 우주 이야기가 이 양쪽을 통합할 수 있지 않을까?

'위기가 호기' 라는 중국의 속담처럼 토마스 베리 신부님은 생태적 위기의 시대에 인류가 한 차원 더 업그레이드를 할 수 있는 위대한 시대라고 했다. 지금의 우리 시대가 낙관적인 것은 아니지만 이 우주가 거룩한 실재實在라는 의식의 자각이 이 시대를 희망의 징표로 만들 수 있다는 그분의 생각이 나의 종교적 폭과 깊이를 넓히는 계기가 되었다. 그분은 여성의 지혜와 토착인들의 영성까지도 새로운 미래를 만들어 가는 로드맵이라는 것이다.

특히 나는 메타 종교란 단어가 참 마음에 와 닿았다. 지금까지는 종교가 너무 인간과 개인에만 초점을 맞추고 강조하였다. 이것은 사실이다. 그러나 이제는 모든 기본 참고체계를 우주로 삼자는 것이다. 메타 종교라는 의미도 종교의 기본을 이 우주로 삼고 계시의 첫 번째와 아주 중요한 실재, 그리고 거룩한 실재를 이 우주로 하는 것이다. 종교의 패러다임을 바꾸자는 이야기이다. 지나치게 제도화된 종교에서 살아있는 신비주의로 나아가자는 말로 나는 알아듣는다.

메타 종교는 일신론을 넘어서 그리고 인간중심주의를 넘어서 신비적 범신론(신과 전 우주全宇宙를 동일시하는 종교적·철학적 혹은 예술적인 사상체계) 즉 모든 창조물 안에 나타나는 우주적 그리스도를 찬양한다. 이것은 내가 영천에서 작은 대안학교를 하는 이유이기도 하다.

마지막 강의 시간에 토마스 신부님이 스스로 지은 시를 낭독했다.

한 우주가 필요합니다.
아이가 한 우주를
아이의 마음이 경이의 세계를
상상력이 아름다움의 세계를
감성이 친밀의 세계를
깨우치기까지는

한 우주가 필요합니다.
아이의 외적인 몸과 내적인 영성이
만들어지기에는
한 우주가 필요합니다.
한 아이가 완성되기까지는

한 우주가 아이 안에 완성되고
한 아이가 우주 안에 완성되기 위해

세대마다 다음 세대를 이을
이 두 가지를 조화시키는 역할을 합니다.

토마스 베리 신부의 생태비전

토마스 베리(Thomas Berry, 1914~2009)는 우리에게 낯설지 않다. 이미 한국에서도 베리의 저서가 거의 번역이 다 되어 있다. 이를테면 『신생대를 넘어 생태대로』(2006), 『위대한 과업』(2009), 『우주 이야기』(2010), 『그리스도교의 미래와 지구의 운명』(2011), 『지구의 꿈』(2013) 등이다. 토마스 베리는 과연 누구인가? 얼마 전에 한국을 방문한 매튜 폭스는 토마스 베리를 이렇게 평가하고 있다.

"만약 인간 역사가 생존하고 우리 종이 생존하여 22세기를 맞이한다면 나는 역사가 우리 가운데 20세기 후반에 나타난 한 예언자에 대해 기록할 것으로 믿는다. 베리는 떼이야르 드 샤르뎅 신부의 영성과 토마스 아퀴나스의 지성, 프란체스코 성인의 겸손, 아인슈타인의 과학, 예수의 용기와 상상력으로 고취된 사람이며, 그 이름은 토마스 베리이다.

우리는 베리를 자신의 비전을 가진 사람, 생태평화 운동을 조직한 사람, 교육에서부터 정치, 경제, 전례 등 우리 모두의 전문 분야에 지속가능한 수많은 비전을 침투시킨 사람으로 기억할 것이다."

베리는 지구를 위한 예언자이고 지구의 꿈을 꾸는 사람이다. 한마디로 토마스 베리는 '인간-지구 관계의 변화에서 종교의 역할에 대해 아주 진지하게 생각한 최초이자 가장 창조적인 북미 신학자들 중 한 사람'임에 틀림이 없다. 베리는 자신을 가리켜 '지구학자'라고 하지만 종교의 역할이 중요하다는 점도 이해한다. 베리는 우리가 전통적 종교의 도움없이 생태계의 문제를 해결할 수 없다고 주장하는데, 왜냐하면 전통적 종교가 과거의 형성에 중요한 원천이었고 미래 형성에도 중요한 역할을 하기 때문이다.

그러나 베리는 종교가 현재 진행 중인 생태 위기에 대해 무관심하다고 비판한다. 또 베리는 지금까지 내려온 종교적 전통으로 새로운 우주를 설명하는데 한계가 있다고 지적한다. 베리는 그리스도교가 인간의 구원과정에 지나치게 중점을 두며, 자연이 또 하나의 계시라는 사실을 무시하고 있다고 지적하고, 그리스도교가 자연 속에서 드러나는 새로운 계시경험을 감지할 필요가 있고, 생명파괴나 종족학살처럼 행성적 차원에서 벌어지는 기후변화 같은 문제를 다루기 위한 새로운 윤리를 개발할 필요가 있다고 주장한다. 또한 베리는 모든 종교를 위한 포괄적 맥락을 지니고 행성 전체 공동체를 아우르는 메타(Meta-) 종교의 필요성을 제안한다. 베리의 비전은 그저 단순히 종교적인 관점만을 이야기하는 것이 아니라 종교를 넘어선 포괄적인 우주론의 관점을 보여준다. 이 관점에서 베리는 우리가 '인간중심'에서 벗어나 '지구중심'으로 이동해야 한다고 제안하고 있다. 베리의 생태영성은 오늘날 생태위기에 처한 지구촌 전체 문제 해결에 중요한 의미를 지니며, 우리 그리스도교는 베리의 비전을 예언자적인 목소리로 받아들여야만 한다.

깨어진 지구의 꿈

·

토마스 베리에 의하면 현재 우리 시대의 가장 근본적인 문제는 하느님과 인간과의 관계 혹은 인간 사이의 관계가 아니라 인간과 지구와의 관계이다. 베리는 지구를 만물을 포함한 '단일의 통합적 공동체'로 보았다. 이 공동체 안에서 모든 만물이 일찍이 성녀 힐데 가르트 수녀(Hildegard von Bingen 1098-1179)가 깨달은 것처럼 '상호 그물망으로 연결되어' 있다. 이런 점에서 인간은 하느님의 창조가 아니라 만물가운데 존재하는 하나의 종種이다. 베리가 말했듯이 '인간은 부차적 요소이고 지구가 주 요소이다.' 인간 웰빙은 자연세계의 전체 웰빙을 통해서만 성취될 수 있는데, 지금의 세계는 거꾸로 가고 있는 현상이다.

베리는 오늘날 인간이 직면한 주요문제가 지구로부터 분리되면서 인간과 자연의 호혜관계의 상실에서 비롯되었다고 생각한다. 베리는 우리가 자연과의 소통능력을 잃어버렸고 '자폐증'을 앓고 있다고 비판한다. 이 자폐증 때문에 지구가 경이로운 세상이 아닌 쓰레기의 세상, 소비의 대상이 되었다고 한다. 그리하여 인간은 자신만의 진보에만 집착하고 지구의 바이오시스템이 변질되었다고 말한다. 그리스도교 관점에서는 결국은 자연계시 즉 신성의 목소리를 멸종으로 영원히 잠재우게 되는 것이다. 예를 들면 강정마을, 4대강의 파괴는 신성의 존재를 파괴하는데, 이는 자연이 우리에게 주어진 신성과 원성사原聖事의 중요한 발현이기 때문이다. 베리는 이렇게 말한다. "자연의 소리를 듣지 않는 것은 신성의 목소리를 듣지 않는 것과 같다."

베리의 대안 - 기능적 우주론

·

토마스 베리는 멸종과 생태위기를 현 지질시기인 '신생대'가 끝나간다는 신호로 본다. 그러나 오늘날의 상황이 종말론적인 만큼 위기이지만 베리는 새로운 시대로 진입하는 또 하나의 기회로 보았다. 역사가 어두운 시기에 창조적인 것처럼, 베리는 이 위기의 시기가 인간의 창조적 노력을 통해 '생태대' 출현을 할 수 있다고 믿는다. 베리가 말한 것처럼 현재는 절망을 위한 시기가 아니라 희망찬 활동을 위한 시기이다. 생태대가 지구와의 새로운 관계가 형성되고 통합적인 지구 공동체가 창조되는 시기이지만 과연 신생대 즉 지구 위기에 새로운 시대인 생태대의 끌림이 가능할까? 끌림과 영감 그리고 창조적 에너지를 어디에서 끌어올 수가 있을까? 변화를 이루려면 기존의 세계관을 진부한 것으로 만드는 새 이야기를 베리는 창안하였다.

베리는 우리에게 '새로운 우주론'을 던진다. 우주론은 내가 누구이며 내가 어디서 왔으며 어디로 갈 것인가에 대한 이야기이다. 그래서 이 우주론은 기능적이다. '기능적 우주론'이 없다면 인간은 다른 인간과의 관계에서 그리고 우주와의 관계에서 자신의 정체성을 파악할 수 없는 것이다.

따라서 베리의 기능적 우주론은 다음과 같이 요약될 수 있다. "우주가 객체의 집합이 아니라 주체의 소통이라는 것이 생태대의 핵심이다." 이런 생각을 통해, 베리는 "인간 공동체와 지구 과정 사이에 형성된 깊은 관계의 의미"를 제시하려고 시도한다. 이런 점에서 베리의 기능적 우주론은 포괄적-

생태적인 자각의 발전에 기여한다. 특히, 베리의 우주론은 포괄적인 비전을 제시하여 인간 중심론과 우주의 경이로움을 강조하는 세계관에 변화를 준다. 베리의 새로운 우주론을 통해 사람들은 "인간 공동체가 더 커다란 지구 공동체의 구성요소로서만 존재한다."라는 사실을 인식할 수 있다. 이러한 우주론과 더불어, 사람들은 우주의 경이를 경험할 수 있고 우주의 신비를 축하하고 자연의 아름다움을 볼 수 있다. 그러므로 베리의 기능적 우주론은 생태적 감수성을 발달시키고 자연에 대한 더 이상의 약탈을 막고, 생태적 치유를 향해 나아가는 데에 기여한다.

　　베리의 기능적 우주론은 포괄적인 비전이며 종교 혹은 과학의 테두리를 넘어선다. 그는 현재 필요한 우주론에 종교와 과학의 신화적인 설명이 들어가면 안 된다고 주장한다. 예를 들어, 베리는 그리스도교의 신비는 태초부터 지속적인 출현의 과정 혹은 내부-유기적 관계로서의 세상을 제대로 보여주지 못한다고 반박한다. 또한 과학은 정신적인 것을 배제하고 물질적 영역에 중점을 두기 때문에 영적 혹은 도덕적 가치를 규명할 적절한 방법을 제시하지 못한다고 주장한다. 베리의 해결책은 역사적 발전적 과정을 새로이 이해하고 그 속에서 종교와 과학의 통찰을 결합하는 것이다. 다시 말해서, 베리의 새로운 우주론은 전통적 종교의 영적 감수성과 현대 과학의 진화적 통찰, 역사의 역동성을 통합한다. 베리는 이야기의 형식을 통해 기능적 우주론의 통합적 비전을 제시하는데, 베리는 이를 '단일의 포괄적 서술'인 그 유명한 이야기를 '우주 이야기'라고 부른다. 우주 이야기를 통해, 베리는 우주적 사건의 진행과정을 표현하려 한다. 이야기는 '한처음에 빅뱅'과 초기 우주적 은하진화의 단계로 시작되어, 태양계의 형성과 지구의 출현을 향해 진행된다. 그 다음에는 생명이전의 형태와 행성과 동물의 출현, 마침내 인간 생명의 출현으로 이어진다. 그리고 인간 역사의 발전으로 이야기가 계속된다. 베리가 '우주 이야기'를 통해 제시하려는 것은 '빅뱅'이 나타난 이래 벌어진 모든 사건과 만물이 서로 연결되어 있다는 사실이다. 또한 베리는 생명이 자리잡고 풍성함과 다양성으로 번성할 수 있게 해주는 지구의 특별한 기능에 대해 강조한다.

현재 우리가 갖고 있는 슬픔과 분노의 창조적 해결을 위하여

•

이제 우리는 세월호 문제를 만들어낸 시스템으로 그 문제를 해결할 수 없다는 것을 절절하게 깨달았다. 그래서 생태대 출현을 위해 사회적 형태를 재구성할 필요가 있다고 생각한다. 적어도 4가지 점에서 즉 새로운 경제 시스템, 교육 시스템, 정치 시스템 그리고 종교 시스템이다. 시스템 혁신을 준비할 때 종種의 차원에서 다시 조명해야 한다. 새로운 미래를 준비할 때 이제는 기능적 우주론과 3가지 우주의 원리(다양성, 내면성 그리고 관계성)를 배제하고 아무리 경제적 코드나 성장경제의 프레임으로 나아간다고 하더라도 바이오코드를 무시하면 결국 지구는 붕괴하고 말 것이다. 우리에게는 지구의 새로운 거버넌스 모델이 필요하다. 경제학, 사회생태, 신학, 우주론, 영성의 새 모델이 필요하다. 인간이 재개발해야 할 사회 시스템은 자연적 기능 속 지구가 최상의 명제이고 존재의 현실이며, 인간의 노력은 생명 시스템이라는 더 커다란 공동체의 기능적 부분일 때 의미와 가치를 지닌다는 인식에 기초를 두어야 한다.

토마스 베리의 생태 비전은 우리 시대의 위기의식과 더불어 시작된다. 베리는 지구의 파괴를 목격하고 현대 문명이 이 위기를 제대로 처리하지 못한다는 사실을 인식했다. 하지만 베리는 이 위기적 상황을 그저 한 시기의 끝이 아니라 생태대 출현의 신호로 보고 있다. 새로운 시대로 진입하기 위해, 베리는 새롭고 기능적인 우주론을 제안한다. 베리는 생태적 위기를 통해 현존하는 우주론이 임무를 수행하지 못한다는 사실을 깨달았고, 이렇게 제 기능을 못하는 우주론이 지구와 인간 사이의 관계를 단절시킨다고 믿는다.

그런 이유로, 베리는 '우주 이야기'를 통해 만물의 다양성과 신성함, 연결성을 보여주려고 시도한다. 그는 성공적인 미래를 성취하는 것은 인간이 지구와 얼마나 친밀해지는가에 달려있다고 예견하고 지구 상에서 인간이 서로를 강화하는 방식으로 존재할 수 있도록 해야 한다고 강조했다. 다시 말해서 생태대의 출현은 지구를 발전시키고 지원하는 친밀성과 호혜의 관계에 의해 달성된다. 이런 점에서, 베리의 기능적 우주론은 생태대의 출현을 위해 중대한 의미를 지니며, 그는 이 새로운 시대 건설을 위한 노력이 지금 우리에게 주어진 대업이라고 확신한다. 대업을 위해서 인간이 획기적으로 변화해야 한다고 생각한다. 비록 생태적 위기가 인간 때문에 유발되었으나, 베리는 미래를 위한 인간 역할의 중요성을 강조하며 인간의 지혜가 대업을 향해 나가는데 기여할 수 있다고 믿는다.

이에 덧붙여, 베리의 비전은 그리스도교가 새로운 방법으로 이 세상을 이해해야 한다고 파격적인 도전장을 내민다. 베리의 통찰에 의하면, 그리스도교는 우주의 영적 감각을 재발견하고, 자연에서의 발현을 재해석하며, 신성-지구-인간 관계를 발견해야 한다. 특히, 베리의 주요 생각 중 하나인 환희에의 자각(awakening of enchantment)은 그리스도의 생태학이 나아갈 방향을 발전시키는데 중대한 모티프가 될 수 있다. 베리는 우주의 모든 생명은 축하받을 사건이고 종교는 존재 속에서 즐거움이라는 선물로 현재해야 한다고 선언한다. 선택도 우리의 선택이다. 우리는 지금 그런 천재일우 선택의 찰나에 있다.

행복하여라,
가톨릭 협동조합 운동

10평의 매장에서 시작한 녹색 사목의 꿈

·

30년 하고 2년 동안 사제생활을 해 오면서 깨달은 점이 한두 가지가 아니다. 자신의 이야기를 하는 것이 더 좋을 것 같다. 어느 누구도 구원을 가져다주는 사람은 없다는 것이다. 길은 스스로 만드는 것이고 만들다 보면 그 길이 자신이 되기도 하고 그 길이 마음에 들면 함께 가기도 한다는 것이다. 난 고등학교 때 독실한 불교 집안에서 가톨릭으로 개종하였다. 이른바 소신학교 출신이 아니기에 나의 감수성과 교회를 보는 눈은 다르다. 당연하게 생각하는 신학적인 명제들은 왜 그것이 당연한지 의문을 갖는 것이 나의 태도였다.

내가 본당 신부님에게 찰고를 받을 때 했던 질문이 생각난다. 창세기의 창조론과 과학의 진화론을 어떻게 이해해야 될지를 끈질기게 되물었던 기억이다. 이 질문은 훗날 20년이 지난 후 토마스 베리 신부님의 명저 『우주 이야기』를 접함으로써 해결되었다. 답을 찾지 못해도 물음을 가지고 사는 것이 자신의 정체성을 키워가는 데에 도움이 된다고 본다. 자신이 한 질문에 존재를 거는 것이 문제해결의 시작이다.

어머니의 반대로 난 아슬아슬한 고비에서 신부가 겨우 되었다. 난 부제품을 받을 때까지 어머니에게 신학 대학에 다니는 것을 말하지 않았다. 독서직에 받는 수단도 방학에 집에 오면 장롱 깊숙이 넣어 두곤 하였다. 자식 이기는 부모 없다더니만 어머니는 아들의 포부를 위해 불교에서 가톨릭으로 개종하였다. 이 개종의 사건은 집안에서도 큰 부담이었지만 이 마이너스가 나의 사제직 생활에서 오히려 '종교화해 운동'을 누구보다도 열심히 하게 된 자재가 되었다. 집안의 배경의 좋아서 종교적으로도 양지에만 지내는 사목자도 보았지만 집안의 배경이 안 좋아도 그 마이너스가 플러스를 만들 수 있는 '융합적 창의력'이 되기도 한다. 나의 경우가 그렇다.

나의 이러한 종교적인 현실적 사고는 사목에 대한 빅 피처 (큰 그림)가 다를 수밖에 없었다. '그리스도교 사회학'이라고 부르는 것이 적합할 수 있겠다. 예수님의 안식일 논쟁을 이렇게 발효시켜 보았다. 나의 사목적 출발 지평은 종교는 지역을 위해서 있지, 지역이 종교를 위해서 있지 않다고 보았다. 난 본당 신부라고 호칭되기보다는 "동네 신부"라고 불리는 것이 더 복음적으로 느껴졌다. 본당이 들어선 그 지역은 무엇보다도 그 본당 덕분에 지역의 경제가 활성화되어야 된다고 생각했다. 본당 신부의 역할도 땅속의 지렁이처럼 성당 안에서만 활약을 할 것이 아니라 그 지역도 풍요롭게 해야 한다는 것이 나의 사목적 비전이라고 해도 과언이 아니다. 성화聖化에는 두 가지가 있다고 본다. 흔히 보통 성사직에서 말하는 성화가 있고 또 한 가지 성화는 '시장市場의 성화' 즉 '마켓의 성화'이다. 거창하게 말하면 자본주의의 성화라든가 신자유주의의 성화라든가 금융시장의 성화 등이다. 세상사 모든 일이 밥 즉 돈 때문에 저 난리인데 교회 역시 천상의 원리보다도 교무금, 헌금, 미사 예물 등 경제의 원리도 중요한데 내가 1990년에 '생활협동조합'에 깊은 관심을 가졌던 것은 이러한 맥락이라고 보면 될 것이다.

90년대 10평의 매장에서

•

꿀벌이 벌통에 자주 들락거려야 꿀이 많이 모이듯이 본당도 그렇다고 생각한다. 교우들이 성당에서 야단법석을 일으켜야 된다고 본다. 지난 9월에 차동엽 신부님이 우리 교구 사제단 연수에서 던진 콘셉트가 '와글와글 본당 만들기'였다. 난 1990년대 월배와 상인 성당에서 본당을 시끌벅적하게 가슴이 두근거리도록 사목을 기획하였다. 그 지역은 이른바 신아파트개발지역이라서 교우들에게 불쏘시개거리만 제공하면 불이 살살 날 판이었다. 안 해 본 것이 없을 정도였다. 처음에는 한 할머니의 도움으로 '저공해 비누 만들기'를 하였다. 이 비누 만들기는 결국 수원교구의 환경 센터 황창연 신부님과 연대하는 계기를 만들었다. 그후 세 번이나 대구의 그 큰 두류운동장에서 '우리밀살리기' 대회를 열었고 김승오 신부님과 함께 멋진 추억을 만들었다. 좋은 추억은 효소와 같다고 생각한다. 성당 앞마당에는 비누 만들기의 주원료인 폐식용유 통, 우유팩 묶음, 신문지와 고철 등으로 본당의 녹화 만들기에 주력하였다.

난생 처음으로 본당 신축도 해보았다. 선배 신부님이 "성당 하나 지으면 천당, 둘 지으면 연옥, 셋 지으면 지옥"이라는 농담을 들려주었지만 막상 본당을 신축해 보니까 그런 말을 한 이유를 알게 되었다. 1990년 교황 요한 바오로 2세의 "창조주와 함께 하는 평화 창조물과 함께 하는 평화"라는 평화의 메시지가 본당의 녹화 사목의 든든한 배경이 아니었던가!

주일날에는 1986년 한살림 생명 선언을 '한살림'과 함께 하였고, 본당 마당에서는 안동에서 가져온 농민들의 유기농산물 시장을 열어 '도농직거래'장터를 통해 생산자와 소비자의 만남을 주선했다. 이 도농직거래를 상시적으로 열어야 되겠다는 생각으로 지역의 작은 매장을 임대하여 사업을 시작하게 된 것이다. 이 매장은 본당과 지역을 소통시키는 다리 역할을 한 셈이다. 이제 이 매장은 소비자협동조합이 되어 지역의 발전소 역할을 하고 있다. 만일 이 매장이 본당 안에 있었더라면 어떻게 되었을까 하고 상상해 본다.

사실 20세기는 독립이나 자주, 주체가 중요하였지만 21세기는 공감이나 소통이 더 중요하다. 식품 장사를 시작한 것이 아니라 본당과 지역을 '식食'(영성체)을 통해 자연스럽게 소통하도록 매장을 연 것이다. 유기농산물을 매개로 하여 지역 주민들과 도시 소비자들의 먹을거리 네트워크를 구축하기 시작한 것이고, 지역 농업과 전통 음식, 전통 문화가 위협받는 현실에 직면하여 먹을거리 공동체가 만들어진 셈이다. 이러한 프로젝트는 교육이 가장 중요하다. 본당 강연에는 공해 문제, 식사 문제, 먹을거리 문제 등을 다루는 강연을 시민들을 상대로 열기도 하였다. 특히 아이들에게 지구특공대를 조직하여 하천정화운동, 재활용 개미군단 만들기, 생산자 산지여정 가기 등 자연학교를 운영하였다. 이 자연학교는 2003년에 '산자연학교 대안학교'를 여는 동기가 되기도 한 것이다.

　이 매장에는 슈퍼처럼 물건을 막 가져오지는 않았다. 신선
하고 맛 좋은 제철 음식, 지역 음식, 음식의 생산과 소비 과
정이 인간이나 동물 등 지구환경에 해를 끼치지 않는 음식
을 제공하고, 소비자에게는 생산자의 합리적인 가격을 책임
지고 생산자에게는 공정한 생태 정의에 입각한 생산을 책임
지는 호혜의 경제를 구축하는 철학을 바탕으로 먹는 방식,
살아가는 방식을 변혁하는 신앙운동으로 접근하였던 것이
다. 여기는 안동 북부 지역의 생산자를 일깨웠던 조창래 신
부님의 역할이 아주 컸다.

하늘땅물벗과 푸른평화운동

　1989년 10월 4~8일에 서울에서 제44차 세계성체대회가
개최되었는데 서울대교구에서 '한마음 한몸' 운동을 전개하
면서 운동의 생활실천부에서 환경 문제에 관심을 처음 갖기
시작했다. 이런 흐름 속에서 1990년 서울대교구 이재돈 신
부와 가톨릭 농민회의 김승오 신부 등을 중심으로 시대 상
황 속에서 요청되었던 환경 문제를 사목 비전에 통합하고자
하는 관심이 가시화되어 서울대교구 한마음한몸운동본부의
산하단체인 '하늘땅물벗' 운동과 1991년 가톨릭 농민회의

'우리밀살리기' 운동이 태동되었다. 이와 함께 대구대교구에서 필자가 시작한 평화생태 운동인 '푸른평화운동'이 1990년 지구의 날, 서울 남산에서 '한국천주교정의평화위원회', '천주교평신도 사도직협의회'와 '공해 추방 운동 연합' 등과 공동으로 초종교적, 초교구적으로 추진되면서 한국 가톨릭 평화생태 운동의 분위기가 서서히 태동되었다. 이 움직임은 대구대교구 '푸른평화'와 서울대교구 '하늘땅물벗'이 연대하기 시작하여 서울 명동 성당에서 열린 제1회 '푸르름을 만드는 잔치'에 공동으로 참여하면서 한국 천주교회 안에 생태 복음화의 자각을 싹틔운 것이다.

이런 교회 안팎의 사목적, 사회적, 시대적 분위기 속에서 1993년 7월에는 환경사제모임을 발족하게 되고 서울대교구와 원주교구를 비롯한 전국 각 교구에 소속된 환경사제들은 이 자발적인 모임에서 교회 안에 보다 효율적인 환경운동 여건을 조성하고 교회 내부의 환경단체 간의 유기적인 협조체제를 구축키 위해 환경사제모임을 매월 정례화하기로 결정했다.

이러한 1990년대 초반의 시대적 분위기를 타고 서울대교구에서는 한마음한몸생활실천부 산하에서 환경보전부를 따로 독립하여 전문위원회를 두었고, 같은 해 대구대교구에서는 가정-생명-환경 담당을 두고 환경 전담 신부를 임명하게 된 것이다. 서울대교구는 이재돈 신부, 대구대교구는 필자가 한국 가톨릭교회 역사상 처음으로 환경 전담 신부를 맡게 되어 예언자적 비전을 수행하기 시작하였다.

평가와 성찰

90년대 초 김수환 추기경의 큰 그림, 80년대 말 원주교구 생명운동, 그리고 전국적으로 일어난 각 교구의 우리농촌살리기 운동이 활발하게 전개되었다. 정의구현사제단과 전국 환경사제모임의 연대 등이 특히 동강이 계기가 만나게 되어 정의와 평화 그리고 창조보전이 통합할 수 있는 계기가 전개되는 성과를 얻어 내었다. 그리고 각 교구마다 벌이는 도농직거래를 모델이나 틀을 모색하는 가운데에서 '일본 수도권 생활협동조합'의 연수가 기획되고 필자도 여기에 참여하게 되면서 생활협동조합을 만나게 된 것이다. 그리고 스페인의 호세 마리아 아리즈멘디아리에타 신부님의 몬드라곤 협동조합을 탐방하는 기회가 이러한 시대적 분위기 속에서 이루어졌다. 우리가 교회 생협을 꿈꾸었던 90년대! 지금 20년 지난 우리 사회는 어떤가? 바야흐로 협동조합 전성시대다. 기획재정부에 따르면 협동조합기본법이 시행된 이후 100일 동안 협동조합 신청 건수만 647건이다. 하루 6.5건씩 들어온 셈이다. 주말을 빼면 평일 평균 신청 건수가 9~10건이다. 교회가 시대의 표징을 읽지 못하고 있다는 증거이다.

특히 1993년에 결성된 환경사제모임에서 환경신학과 생태영성 그리고 본당의 녹화緑化를 위한 사목적 프로그램을 연구하게 된 계기는 그 당시 시대적 분위기 속에 흐르는 가톨릭 환경운동과 본당 사목현장 사이에 존재하는 '괴리'에서 비롯되었으며 이 문제는 지난 20년 동안 가톨릭 내부에서 여전히 난제로 남아 있다. 대구 월배·상인 지역의 녹화사목도 본당 신부가 바뀜으로써 또 다시 원점으로 돌아가게 되었다. 사목자나 본당 교우의 문제라기보다는 녹색 영성을 지켜갈 만큼 지역 살림, 공동체 살림에 대한 인식이 우리 교회 안에 형성되어 있질 못했기 때문이라고 말할 수 있다. 뿌리가 얕은 영성이라서 긴 호흡이 필요하였던 것이다. 그때도 젊었지만 지금은 더 젊다고 할 수 있다. 왜냐하면 그땐 깨닫지 못했지만 지금은 그렇지 않기 때문이다. 지금이라도 교회가 지역과 본당을 연결할 수 있는 '시장의 성화'를 창조할 수 있다면 가톨릭교회의 황혼을 겪고 있는 오스트리아 비엔나교구의 전철을 반복하지 않을지도 모른다.

우주 이야기와
스트로마톨라이트의 꿈

내가 스트로마톨라이트(경산시 하양읍 금락리 300-1번지)를 만난 것은 2007년도 봄이었다. 그전에도 물론 하양가톨릭대학(약칭:하가대)에 자주 왔었지만 아무도 이 스트로마톨라이트를 말해 주지 않았다. 여기에 사는 신부들도 이 화석에 대해서 잘 몰라서인지 입을 다물고 있었다. 하가대 교수들이 이 화석을 모를 리가 없는데도 말이다. 뒤늦게 안 사실이지만 하양읍 금락리 캠퍼스에 새 학교를 지었을 당시에는 이 곳에 대한 지질학적 연대기를 몰랐다는 것이다. 1987년 대구 봉덕동에서 이곳 하양으로, 효가대를 옮기는 과정에서 은호리에 있는 스트로마톨라이트가 적지 않게 훼손되었다. 이 화석이 이른바 '거북돌 혹은 산소바위침대'라고 회자되기도 하는 화석이다.

진가를 모르니까 절단하고 부서버리고 방치해서, 지금도 화석의 파편들이 캠퍼스에 이리저리 굴러다닌다. 은호리 근방의 한 식당에서는 이 화석을 거북모양으로 다듬어서 팔기도 한 모양이었다. 현재 학교 성당 주위에는 조경석으로 이 화석이 깔려 있으니 참으로 슬픈 일이다. 천연기념물이 될 물건인지 몰랐으니까 이런 사태가 벌어진 것이다. 명색이 개교 100년이 된 가톨릭 대학에서 이렇게 했으니 입이 열 개라도 할 말이 없는 것이다. 설상가상으로 이 화석이 현존해 있는 바로 앞에 고시원을 지어 풍경을 가로막고 있다는 사실이다. 사범대에서 수업을 한 적이 있었는데 사범대 바로 옆에 이 화석이 있어도 학생들도 이 화석이 무엇인지조차 몰랐다는 사실이다. 생태와 진화에 대한 거의 '문화적 자폐증'이 아닐 수 없다. 2006년도에는 한국내셔널트러스트에서 세계적으로 희귀한 호수 스트로마톨라이트를 '꼭 지켜야 할 자연-문화유산'으로 선정했다.

이 스트로마톨라이트는 '우리가 어디에서 왔으며 우리가 누구이며 우리가 어디로 갈 것인가'를 드러내는 생태와 진화의 표지석이지 않는가! 왜 지금의 상태가 되었는지 알아야 미래에 대한 올바른 결정을 내릴 수 있다. 철학자 키르케고르의 말을 빌리면 인생은 앞으로 보며 살아야 하지만 인생에 대한 이해는 뒤돌아보며 할 수밖에 없다. 기후변화, 에너지 위기, 서식지 파괴, 생물 다양성의 멸종과 같은 심각한 문제들에 직면해 있는 우리의 현실에서 스트로마톨라이트를 이해하는 것은 중요하다. 현재 스트로마톨라이트를 대하는 우리의 태도가 바로 지구에 대한 우리의 태도이며 우리 학생들이 이 화석에 대해 전혀 관심이 없는 것도 우리 현재 교육의 결과이다. 학점과 취업에만 온통 신경을 곤두세우기 때문에 바로 창문 넘어 보이는 진화와 생태인 스트로마톨라이트를 보지 못하는 것이다. 자신을 자연의 일부로 받아들이지 못하는 것은 우리 교육에 있어서 생태와 진화의 접근법이 없기 때문인지도 모른다. 그래서 우리들이 글로벌 경제와 월드와이드 웹과 같은 네트워크를 가지고 있음에도 불구하고 생물권에 대한 연결보다는 고립과 정체, 분리와 격리의 길을 걷고 있다. 전 지구적인 지속 가능성의 위기를 해결하는 길은 자연과 다시 연결하는 것이다. 그래야 눈앞에 이해관계를 뛰어 넘어 자연세계를 포용하는 마음이 생기지 않겠는가!

한국에서 스트로마톨라이트를 연구한 지가 20년 정도나 되었을까? 특히 전영권 교수의 증언에 의하면 2004년 9월에 이르러서야 비로소 하가대의 거대한 스트로마톨라이트는 중생대 백악기 호수에서 형성된 것으로 판단하기 시작하였고(최초로 이 화석을 발견한 공달용 씨와 이봉진 씨) 2009년 12월에 드디어 천연기념물 제 512호로 등극한 것이다. 그 전까지는 그냥 산소바위라든가 큰 바위 정도로만 알려졌을 뿐이다. 이

스트로마톨라이트는 메가톤급일뿐 아니라 초기 지구의 진화와 형성과정, 박테리아 화석 함유 정도, 화석의 보전성 및 형태의 다양성에 있어서 세계적이며, 생성 당시의 호수 규모나 생태를 이해하는데 중요한 가치를 가지고 있다.

무명의 화석이 VIP가 되기까지

한 지인으로부터 이 스트로마톨라이트의 수난기를 듣고 현장을 방문하였을 때 억장이 무너지는 듯하였다. 대학 당국에 몇 차례 이 사실을 이야기하였지만 별 관심이 없어 보였고 우리 신부들이 함께 지내는 기숙사 식당에서도 하느님의 피조물인 스트로마톨라이트를 신고해도 반응들이 신통치 않았다. 할 수 없이 그 당시 사목을 하던 경산의 지역신문인 '경산신문'에 대대적으로 현 실태를 파악하고 문제 제기식 기사를 낸 덕분에 경산시도 움직이게 되었다. 경산신문의 대표인 최승호 기자의 역할이 아주 컸다. 그리고 또 한 가지는 이 화석에 대한 자료들을 모아 경산·청도 지역의 국회의원인 최경환님을 찾아가 스트로마톨라이트의 품위를 세울 수 있도록 도움을 청하였다. 여러 가지 상황들이 연동한 까닭에 지금은 안내판이나 CCTV도 설치되어 있고 화석 주위에 울타리도 쳐져 있다. 그리고 대구-하양 국도변에 표지판도 들어섰지만 그때나 지금이나 스트로마톨라이트의 처지는 별 다름없어 보인다. 문제는 스트로마톨라이트를 형성하는 시아노박테리아 표면에 형성되는 끈끈한 물질에 물속의 부유물질 즉 실트질 모래나 진흙 등의 미립자가 부착되면서 형성된 퇴적층인지라 풍화작용으로 전보다 많이 훼손되어가고 있는 것이다. 캠퍼스 안에는 강바닥의 퇴적물이나 퇴적구조가 겹겹이 쌓여 있다. 은호리, 사열계곡, 조산천, 작은골, 탑소골 그리고 달집만데이 등 대대적으로 조사하고 연구할 필요가 있다. 2013년 5월에 최초로 발견된 대학 뒤쪽에 있는 조산천에도 스트로마톨라이트가 발견되었다. 지금 '조산천 고향의 강 정비사업'의 일환으로 불도저가 계곡을 밀어붙이고 있다. 이 일대 생태조사나 학술용역조사를 통하여 생태공원을 지을 수 있는데도 말이다.

스트로마톨라이트의 시간은 참으로 오래되었다. 인간은 시간적 근시안을 갖고 있다. 기껏해야 100년인 우리 인생의 나이는 우주 이야기에서 보면 먼지 속 먼지의 찰나에 불과하다. 인간이야말로 이 행성의 가장 나중에 초대된 종이다. 이 인간이 기후를 변화시키고 개발한다는 미명 아래 동식물의 처소를 파괴하고 멸종되어가는 생명체들이 한두 가지가 아니다. 인간이야말로 우주의 진화와 생태로부터 역주행한다. 다섯 번의 대멸종이 있었고, 우리는 지금 여섯 번째 대멸종의 한가운데에 있다.

"유전 부호 없이 어떻게 문화 부호가 리필될 수가 있는 가?"

여기저기에서 인성교육의 중요성을 자주 언급하지만 인성교육의 과제는 어떤 프로젝트보다 유전 부호와 다시 연결시켜 주는 것이 급선무라고 본다. '생태학적 자아'라는 말을 처음 사용한 사람은 심층 생태학자인 철학자 아르네 네스다. 내가 만난 대학생들은 '배운다'는 말보다는 '학점을 딴다'는 말을 사용한다. 무슨 동기로 이 과를 선택했느냐고 물으면 자동적으로 "취업이 잘 되잖아요" 하고 대답한다. 경제적인 관점에서 생산적인 인재를 잘 키워내는 것이 교육의 전부는 아니다. 우리 아이들의 내면 속에 흐르는 생명에 대한 진정한 욕구와 공감에 대한 진정성, 인간도 우주의 큰 생명의 그물 속에 한 종이라는 자각을 일깨움이 우리 시대의 교육이다. 그리고 스트로마톨라이트는 지역과 대학이 연계하여 체험교육이나 현장 생태교육의 장으로 활용한다면 아주 좋을 것이다.

스트로마톨라이트를 통하여 지오파크Geopark를 만들거나 우주걷기와 같은 체험학습, 우주 이야기를 배우는 인성교육의 야외학습장으로 발전시켜 작은 자연사박물관을 만들면 대학의 특성화가 될 것이다.

•

1. 필리핀 바기오의 우주 여정 지오파크Geopark

우주의 진화에 인간이 별개로 존재하는 것이 아니라 인간도 이 우주의 여정에 통합되어 있다는 것을 일깨워 주는 우주 이야기를 이 센터에서 일깨운다. '우주 여정'은 지구의 깊은 연관성에 이르는 놀이와 발견으로 이루어진 자연 산책으로 설명된다. 총 14처가 '드러난 우주의 장엄함'을 기념한다. 땅, 물, 공기가 심각하게 파괴되는 것에 직면하여, '우주 여정'은 창조 안에서 우리의 역할에 새로운 정의와 상상력을 불러 넣어주도록 한다. 우주 문을 통과하고, 조상들의 동굴로 들어가며, 높이 위치한 다리 위를 지나는 트랙은 우리를 내적 여정으로 초대한다. 우주의 상호 연관성의 심오한 영적 의미에 대해 곰곰이 생각하게 함으로써 현대인들이 지구 자원 사용에 대해 현명한 결정을 하도록 하고, 미래 세대가 싱싱하게 살아있는 아름다운 행성을 우리로부터 물려받도록 준비를 시킬 수 있다.

청각장애인들을 위한 센터 바로 옆에는 마치 소공원처럼 우주 산책로를 만들어서, 이곳을 방문하는 사람들이 그룹별로 이 산책로를 다니면서 우주 탄생에서부터 현대에 이르기까지의 여정과 발전 단계와 150억 년의 우주 이야기 즉 빅뱅의 우주-은하계-별-행성-현재의 진화 단계를 묵상하도록 이끈다.

바기오의 이 센터 특징은 우주의 탄생과 진화, 진화 속에서의 인간의 위치를 마치 공원에 있는 조각처럼 조형물로 만들어서, 사람들로 하여금 우주의 신비로운 이야기를 체험하도록 한다.

인간이 우주 속에서 고독한 미아가 아니라 우주의 한 일부로서 살아가야 함을 보여 주는 생태 영성센터인 것이다.

특히 이 센터의 건물이 바기오의 지리, 환경, 날씨 등을 고려하여 생태적으로 아름답게 지었다는 점에서도 볼 만하다. 새로운 창조 이야기 즉 새 우주론을 가톨릭 교회의 영성과 연결시켜서 시도하고 있는 점은 앞으로 우리의 대학이 계승해야 할 과제이다. 우주 여정의 14처는 다음과 같다.

1) 우주의 생성

2) 지구의 생성

3) 바다는 생명의 발상지

4) 공룡의 등장

5) 포유동물의 도래

6) 날아다니는 새

7) 꽃의 번성

8) 영장동물이 나타남

9) 초창기의 인간들이 동굴에서 생활

10) 사냥과 집단생활의 시대

11) 촌락시대

12) 지구가 달콤한 물을 줌

13) 지구상의 종교 전통

14) 바이오 센터

2. 우주 걷기 둘레길

재미있으면서도 사건들을 창의적으로 보여주는 방법은 '우주 걷기 예절'이다. 이 예절은 내가 어디에서 왔으며 내가 누구이며 어디로 가는 것인가를 걸으면서 묵상할 수 있는 아주 좋은 방법이다.

1) 한 처음에 빅뱅 (137억 년 전 태초의 찬란한 불꽃)

2) 물질입자와 빛이 태초의 뜨거운 점에서 퍼져나감(최초의 일 초 내에)

3) 은하-별들이 형성(130억 년 전)

4) 별들이 수소와 헬륨을 태움(지속적으로)

5) 초신성의 폭발로 130억 년 전부터 현재까지 원소가 은하 전역으로 퍼짐

6) 우리 은하의 오리온 팔에 위치한 3개의 초신성이 폭발 (46억 년 전)

7) 우리의 태양이 형성(45억 년 전)

8) 지구 형성(44억 5천만 년 전)

9) 첫 세포의 출현으로 생명이 지구에서 시작(40억 년 전)

10) 광합성-산소가 식물에 의해 생산됨(39억 년 전)

11) 첫 진핵세포, 첫 다세포 유기체(20억 년 전)

12) 유성생식(10억 년 전)

13) 해파리 등장(5억 4200만 년 전)

14) 척추동물 등장(5억 1000년 만 년 전)

15) 턱 있는 물고기 등장(4억 2500만 년 전)

16) 곤충 등장(3억 9500만 년 전)

17) 최초의 나무와 수륙 양서류의 등장(3억 7000만 년 전)

18) 파충류 등장(3억 1300만 년 전)

19) 공룡과 꽃 등장(2억 3500만 년 전)

20) 포유동물 등장(2억 1600만 년 전)

21) 조류 등장(1억 5000만 년 전)

22) 원숭이 등장(3600만 년 전)

23) 풀이 육지를 뒤덮음(2400만 년 전)

24) 최초의 인간들, 호모 하빌리스 등장(250만 년 전)

25) 언어를 사용하는 현대의 호모 사피엔스 등장

    (4만 년 전)

26) 위대한 문명의 발생(기원전 3500~1200년 전)

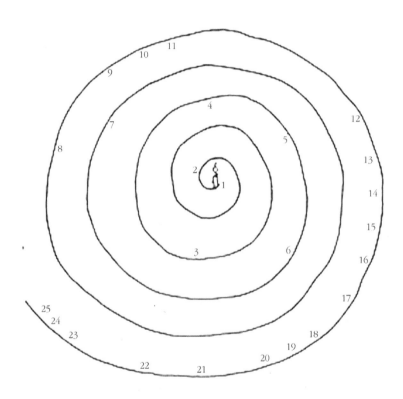

우주 걷기 예절을 만드는 우주 걷기 모형

3. 우리 인간은 우주걷기의 마지막 부분에 등장한다

우리가 우주의 역사에 대해 글을 쓰도록 요청을 받았다고 상상해 보자. 우주는 대략 140억 살 정도되었으며 각 페이지당 백만 년 정도 기록하기로 결정하였다. 이 우주 역사의 각 한 권이 500페이지 정도의 길이라고 할 때, 우리가 우주의 역사를 기록하고자 한다면 30권 분량의 전집이 필요하게 될 것이다. 이 위대한 드라마에 지구는 우주 이야기 내에서 아마도 21권 즈음에 나타나게 될 것이고 지구상에서 가장 원시적인 생명체는 23권 째에 나타나게 될 것이다. 가장 원시적인 인간 존재는 30권 째 498페이지에 이르러서야 비로소 등장하며, 우리가 인간 문명이라고 일컫는 것은 30권 째 500페이지에 마지막 단어로 기술될 것이다. 우리는 우주 이야기가 단지 우리 인간들에 관한 것이라고 종종 착각한다. 그러나 인간은 우주 역사 전집에서 29권까지 전혀 등장하지 못한다. 우리 인간은 매우 긴 이야기의 아주 끝부분에서 아주 늦게 등장하였다. 이 우주 이야기는 우리에게 창조과정 안에서 우리의 위치에 대해 좀 더 겸손할 것을 가르쳐 주고 있다. 이것은 우리에게 우리 인간이 우주 이야기의 주요 등장인물이 아니라는 것을 상기시킨다. 사실 우리는 아주 작은 역할을 할 뿐이었다.

사실이지 인간은 우주 이야기에 마지막으로 등장하는 생명체 중의 하나이기 때문에, 지구상의 인간 이외의 모든 것들이 어떤 식으로든 우리 인간의 삶을 뒷받침해 주고 있으므로 그들과 연관되어 있다. 다른 것을 파괴하고 소멸시키거나, 지속 가능한 환경을 만들어 주는 것으로 지구를 만드는데 다른 것들이 그들의 역할을 담당하지 못하도록 하는 것은 잘못된 일이라는 것을 배우게 된다.

우주 이야기를 기록한 30권의 책을 거슬러 보면, 이 이야기는 하나이다. 계속 진행되고 있으며, 되돌릴 수 없고 반복될 수 없는 이야기라는 것을 알 수 있다. 생명이 아닌 것에서 생명으로의 이동, 좀 더 간단한 형태에서 좀 더 복잡한 형태로의 이동은 이미 일어난 일에 대해 되돌리거나 지울 수 없는 점진적인 진행이다. 우주가 계속 반복적인 순환 방식으로 작동한다고 생각하면, 지금까지 행해진 어떠한 피해도 지구의 지속적인 갱신 주기 안에서 치유가 될 수 있다고 생각할 수 있다. 주기가 한 번 도는 동안 실수로 행해졌거나 생략되었던 것이 다른 주기에서 변경될 수 있다. 그러나 이제 어떠한 것도 되돌릴 수 없고 완전하게 반복할 수 없는 지속적으로 생성하는 우주 안에 우리가 살고 있다는 것을 알게 되었다. 고대 그리스 철학자인 헤라클레이토스가 "순간순간 흐르는 강물은 절대 똑같지 않으므로 같은 강물에 발을 두 번 담글 수 없다"라고 우리에게 말한 것처럼, 우리는 이제 '지속적으로 진화하고 변화하는 우주에서 똑 같은 사건을 반복하거나 복제하여 일어나게 하는 것은 가능하지 않다' 라고 배운다. 이러한 냉정한 통찰은 우리 행위의 결과를 가지고 살아야 한다는 것을 상기시켜 준다. 과거의 실수들을 고치기 위해 또 다른 주기를 기다릴 수 없다. 우리가 행하는 것은 어떤 것이든 우주 이야기에 더해지며 나머지 이야기가 어떻게 펼쳐지는지를 결정하는데 도움을 줄 것이다. 분명한 것은 지구상의 인간 이외의 나머지 것들은 우리 인간의 선택과 행위의 결과에 좌우 된다는 것이다.

본당 신부님들과는 달리
나의 경우는 본당을 떠나 살았다.
처음엔 이 마을에 들어와
동네 여기저기 신고식을 하러 다녔는데
아무개 신부라고 인사하자
"왜 신부가 남자냐?"고 물은 할머니들 생각이 난다.
지금은 나더러 '동네 신부'
또는 '마을 신부'라고 부른다.

2부

산자연학교를 떠나며

매튜 폭스 신부

매튜 폭스 신부가 서울 명동성당 강당에서 아주 성황리에 강연을 잘 마쳤다는 소식을 들어 기뻤다. 시드니로 가는 길목인 한국에 잠시 들러 강연의 틈새를 만들었다. 직접 초대하면 경제적인 것에서부터 만만치가 않기에 이렇게라도 한국에서 간담회도 하고, 대구에서 강연도 하고, 스님도 만나고 독자사인회도 열수 있는 그런 기획을 하게 되었다. 서울에서는 교구가 후원하지만 대구는 교구도 대학도 원군이 없어 마리아 몬테소리학회와 제휴하여 이 강연을 치렀다. 처음에 매튜 쪽에서 이런 제의가 왔을 때 난 망설이다가 일단 해보자고 마음먹었다. 어느 가톨릭 인터넷 매체에서 비판의 글도 읽어 보았다. 90년대에서나 지적될 수 있던 비판이었지만 그것도 관심이라고 여겨진다. 흔히 그들 종교계에 있어서 뉴에이지(인간의 내적 능력을 개발시켜 우주의 차원에 도달하는 것이 바로 구원이라고 확신, 인간 의식을 확장시켜 신비적인 것에 도달하는 것에 주된 관심을 보이는 운동)의 원조라고 비판하고 있다. 한국의 개신교뿐만 아니라 가톨릭도 그렇게 비판한다. 1999년 아시아 생명대회에서도 마닐라 성 토마스 신학대학의 교수이면서 한때 같은 수도회 소속이었던 어느 동료 신부가 매튜를 뉴에이지 운동의 뿌리인 것처럼 비난할 뿐만 아니라 인도의 요가나 명상방법까지도 뉴에이지라고 심하게 비난하는 것을 들은 적이 있다. 특히 요가의 경우는 그 나라의 전통 문화와 종교를 혼동하는 것 같았다.

그러나 창조영성은 소위 좋은 것이 좋으니 자신을 새롭게 창조하라는 식의 뉴에이지는 아니다. 매튜를 뉴에이지의 반열에 올리고자 하는 사람들이 더 영적으로 건강하지 못한 사람이다. 그리고 그 사람들은 뉴에이지의 정체를 정말 모르고 거부하는 사람들이다. 그야말로 그 사람들은 구-에이지이다. 한 마디로 영적 전통을 모르고 거부한다. 그러나 매튜는 그리스도교의 영적 전통을 창조영성의 관점에서 재해석한다.

2001년에 매튜 폭스가 디자인한 대학 창조영성 대학에서 나는 한 학기를 수업하고 그 이듬해에 제네시스 팜에 들어갔다. 지금은 그 대학이 없어졌다는 이야기를 들었지만 매튜 폭스 신부님은 홀리네임스 대학의 소피아센터와는 달리, 창조 영성 대학을 만든 사람이다. 정확하게 말하면 오클랜드 나로파 대학의 단과대학인 셈이다. 매튜가 1996년에 독자적으로 이 대학을 만들었으니까 그 역사는 짧은 셈이다. 매튜에 대해서 여러 가지 평가가 있지만 막상 강의를 들어보고 만나 보니 아주 부드럽고 창조적이며 북미에 있어서 가장 도전적인 종교적 영성적 사상가로 알려져 있다는 것을 알게 되었다. 그는 1989년 바티칸에서 침묵하라는 지시를 받았지만 매튜는 신념을 굽히지 않았다. 용기가 있는 사람으로, 양심적인 사람으로 이쪽에서는 평가하고 있다. 그로 인해 1995년 양심적 평화의 상을 받은 적이 있는 유명한 사람이다. 이 상은 마더 데레사와 달라이 라마도 받은 적이 있다. 1983년에 출판된 그의 베스트셀러인 원축복을 포함하여 24권의 책을 저술한, 세계적으로 알려진 명석한 분이다. 대구 푸른 평화에서도 그의 사상을 요약한 '창조영성'을 작업했다.

그는 1967년에 가톨릭 사제서품을 받았고 도미니꼬 수도회 소속이다. 34년 간 사제생활을 하였지만 1994년에 도미니꼬 수도회에서 그의 사상이 정통교리에서 어긋난다는 이유로 축출되었다. 내가 보기에도 참 안타까운 일이다.

레오나르도 보프도 그렇지만 매튜도 결국 가톨릭에 남아 있지 못하고 떠난 사실은 본의이든 타의이든 손실이 아닐 수 없다. 지금은 성공회 신부로서 생활하고 있지만 가톨릭을 떠났다고 볼 수 있다. 내가 생각하기에는 폭스도 독일의 한스 킹처럼 아주 예리한 신학자이다. 그의 창조 중심의 영성이 구원중심의 영성 즉 원죄를 흔들기 때문이라고 여겨진다.

그러나 지구신학자이면서 우주중심의 신학자인 토마스 베리는 매튜보다도 더 근본적으로 가톨릭 영성 전부를 문제삼지만 바티칸에서 아무런 문제를 삼고 있지 않다는 점에서 대조적이다. 바티칸과 예수회의 압력에도 굴하지 않으면서 미국 뉴욕에까지 건너온 샤르뎅 신부는 가톨릭교회를 떠나지는 않았다. 그는 지금 오클랜드의 이 대학과 함께 여러 가지 창조적인 대안을 모색하고 있다. 새로운 전례로써 우주 미사가 바로 그것이다. 젊은이를 끌어안으려는 전위적인 시도이다. 세계의 모든 종교와 토착원주민의 영적 전통과 심지어 현대우주론으로부터 지혜를 배우려는 '심층 종교일치운동'을 추구하고 있다. 그뿐만 아니다. 페미니즘, 사회정의, 지혜를 축으로 한 교육, 창조영성, 아프리카의 영성, 우주론, 도시환경운동, 인도의 요가, 중국의 타이 치와 기공, 북미의 인디언의 영성, 수피교의 신비주의, 노동의 창출, 전례, 문화, 예술, 생태심리학 등과 대화를 시도하고 있다

매튜에 대한 문제는 무엇인가? 균형이 문제이다. 밸런스를 잡는 것이다. 우리는 매튜의 관점을 귀담아 들을 필요가 있다. 창조성은 음과 양의 사이클에서 나온다고 역경에서 말한다. 구원중심의 영성은 창조 중심의 영성에서부터 수혈을

받을 필요가 있다. 창조영성도 구원영성으로부터 더욱 성장하고 새로운 영적 르네상스를 실현하는데 아주 중요한 역할을 할 것이라고 본다.

미국 가톨릭 여성 신학자 르즈마리 루터는 다음과 같이 매튜를 비판하고 있다. 우선 그의 영성이 깊이가 없고 피상적이라는 것이다. 그리고 창조영성의 관점에서 모든 것을 보다 보니 너무 단순화시키고 있다는 점을 지적한다. 그럼에도 불구하고 우리는 구원 - 창조, 창조 - 구원의 두 눈으로 이 우주와 인간의 본성을 통찰해야 할 것이다. 한눈으로는 전체를 보지 못한다. 노벨 물리학의 수상자인 일리야 프리고친이 이런 의미심장한 말을 한 적이 있다. "성 아오스딩이 서양에 있어서 과학을 천 년 동안이나 살해했다" 폭스는 일반 학문 분야에도 널리 알려진 신학자이며 도미니칸 수도회 소속의 신부로서 34년 동안 가톨릭교회의 사제(Dominican Order)였으나, 1993년 바티칸으로부터 축출당했다. 그때까지 그의 활동 근거지는 주로 캘리포니아 주 오클랜드의 가톨릭 여자대학교(Holy Names College)였다. 이 학교에서 그는 영성센터를 설립하고 운영해왔으나, 결국 이 연구소마저도 문을 닫아야만 했다. 이후 미국 성공회(Episcopal Church)가 폭스를 사제로 영입했다. 폭스는 1996년 오클랜드에 위즈덤 대학(Wisdom University)을 설립했고, 현재 명예총장으로서 강의를 계속하고 있다.

폭스는 마이스터 에크하르트M. Eckhart를 비롯한 그리스도교 신비주의 전통에 대한 연구가로 알려져 있으며 영성공동체를 직접 이끌어가는 실천적인 교회 지도자이다. 그는 제도 과학과 메커니즘 종교의 한계를 넘어 과학과 영성을 결합하는 새로운 비전이 새 천 년(3000년)을 준비하는 기독교에 필수불가결하게 요청된다고 말한다. 즉 그는 새로운 종교개혁을 주장하며, 사실 이 때문에 가톨릭교회로부터 현대판 종교재판을 받았다.

많은 저서를 통해 폭스는 신비신학의 회복과 이를 토대로 한 우주론적 창조신학을 정립하려고 한다. 그는 신비주의 전통 안에서 전통 기독교가 강조하는 원죄론이 더 이상 신학의 중심을 차지할 수 없음을 이야기하며, 원은총을 자각하고 깨달을 때 비로소 멀어져 있는 원복을 회복할 수 있다고 본다.

폭스는 문화와 영성에 관련된 주목할 만한 책을 약 스무권 썼다. 그중 『원복(Original Blessing)』, 『우주 그리스도의 도래(The Coming of the Cosmic Christ)』, 『마이스터 에크하르트는 이렇게 말했다(Passion for Creation: the Earth-honoring Spirituality of Meister Eckhart)』, 『영성:자비의 힘(Spirituality Named Compassion)』, 신과학자 루퍼트 셸드레이크(R. Sheldrake)와 공동 저술한 『창조, 어둠, 그리고 영혼에 관한 대화:과학과 종교 안에서의(Natural Grace)』가 우리말로 소개되었다.

제주도의 꿈, 유채꽃

제주도하면 유채꽃, 유채꽃하면 제주도이다.

유채꽃에는 이런 사연이 있다. 유채꽃에는 두 가지 종류가 있는데 하나는 한국을 포함한 동아시아에서 오래전부터 재배되어 오던 유채 즉 재래유채이고 또 하나는 19세기 이후에 유럽에서부터 도입된 서양유채이다. 유채에는 글루코시놀레이트라는 물질이 포함되어 있는데 이 물질은 추출이나 분쇄 등의 강한 자극을 주게 되면 분해가 되어 고이토로지엔이라 불리는 성분으로 변하는 경우가 있다. 이 성분은 갑상선 기능의 저하를 일으킬 수 있다는 점 때문에 착유 시 생기는 유박은 가축사료가 아닌 비료로 이용한다.

한편 재래유채의 씨앗에서 짜낸 기름에는 과잉섭취 시 심장에 해를 끼칠 수 있는 에루신산이라는 불포화지방산이 많이 포함되어 있다. 한국과 일본, 동아시아에서는 예로부터 유채유를 식용으로 이용해 왔으나 기름을 많이 사용하는 식생활이 중심인 미국에서는 식용이 금지되어 왔다. 그래서 1978년 그리고 1996년 서양유채의 주요 생산국인 캐나다의 농업연구자에 의해 에루신산과 글루코시놀레이츠를 거의 포함하지 않은 신품종을 개발한 것이 카놀라 품종이다. 이 카놀라 품종에서 착유한 유채유가 카놀라유이다. (에루신산이라는 지방산은 심장과 콩팥의 지방 축적, 골격근과 심근의 장애, 생육부진 등의 유해성 때문에 이미 캐나다에서는 1956년에 식용이 금지되었다.)

문제는 우리 한국에서 사용하는 콩이든 카놀라든 대부분의 식용유가 유전자를 조작한 식물을 원료로 사용한다는 점이다. 한국은 일본에 이어 세계에서 두 번째로 GMO를 많이 수입하는 국가이다. 매년 800만 톤 안팎을 수입하고 있다. 소비자원에 따르면 일부 유기농 제품을 제외하면 시중에 판매 중인 식용유와 간장, 전분 등의 대부분이 이렇게 수입된 GMO를 원료로 쓰고 있는 것으로 파악되었다. 하지만 현행 GMO 표시제도는 식용유나 간장, 당류 등의 가공식품을 검사해 유전자조작 DNA나 단백질이 검출되지 않는 경우 GMO 원료 사용 표시 의무를 면제하고 있다.

실제로 소비자원이 식용류 26개 제품(대두유 12개, 카놀라유 14개)을 대상으로 현행 표시제도 검증방식(유전자 조작 DNA, 단백질 성분)이 아닌, 지방산 함량을 분석한 결과 수입유기농 카놀라유 1개 제품에서 유전자조작이라는 것이 판명되었다.

2011년부터 카놀라유 수요가 폭발적으로 증가하자 업계는 앞다퉈 GMO 카놀라유를 만들거나 수입해왔다. 유지류 중에서는 가장 큰 비중이다.

유전자 조작에 따른 대안은 무엇일까?

간단하다. 국산 유채 이른바 NON GMO 비 유전자 조작 작물을 심어서 기름을 짜는 것이다. 모델도 있다. 6차 산업이다. 기름도 짜고, 양봉도 하고, 꽃은 사료로 사용하고 그리고 유채꽃은 관광으로 활용하는 것이다. 그런 씨를 구입하고 품종을 바꾸면 된다. 더운 지방에도 가능한 품종과 추운 지방에도 가능한 품종만 개발하면 간단하다. 이것이 우리 제주교구에서 하는 것이다. 지렛대효과처럼 생각을 10%만 바꾸면 된다.

레룸 노바룸Rerum Novarum,
새로운 사태가 벌어지고 있다

　대학 도서관에 가보면 학생들이 책을 읽는 것이 아니라 공무원 시험을 준비하는 것을 쉽게 볼 수 있다. 학생들이 취업을 하기 위해 일반 대학에서 전문 대학을 가는 것을 마다하지 않는다. 심지어는 대졸학력을 고졸학력으로 강등시켜 이력서에 내기도 한다. 문사철의 문은 문전박대 취업, 문사철의 사는 사라지는 전공, 문사철의 철은 철폐되는 학과라고 말하는 것을 보면 이미 문사철은 길을 잃은 상태이다. 취업이 되지 않는 인문학 즉 문사철은 고사위기이다. 대학에 몸담고 있는 사람으로서, 온라인 공개수업이 가져오는 진정한 혁명에 대해서 학습은 온라인으로 통하고 대학은 아예 기업과 연계하여 나가면 어떨까하는 제안이다.

　유엔미래보고연구소는 2030년에 전 세계의 대학교 절반이 문을 닫고 개방형 온라인 강좌 대학 컨소시엄을 통하여 전 세계학생들이 세계 최고 수준의 무료 서비스 교육을 받을 수 있는 혁명이 올 것이라고 진단한다. 나는 강의실 현장에서 학습을 크라우드소싱으로 시도하면서 학생들이 온라인, 오프라인에서 다양한 사회적 시간공간에서 협동할 수 있도록 촉진하고 창의성을 자극하는 역할을 하고 있다. 배움은 객관적인 사실을 다루거나 개인의 전유물이거나 더 이상 독자적인 경험이 아니다. 배움은 교사와 학생 간에 이루어지는 콜라보레이션이다.

이러한 생태적 교육적 경제적 위기를 기회로 창조할 수는 없을까? 고전파 경제학의 창조적 파괴로써 '레룸 노바룸'을 재부팅해야 할 타임라인이다. 사실 '새로운 사태'가 벌어지고 있다. 자본주의가 그 내부의 적폐에 의해서 무너지고 있다는 사태이다. 단순한 예감이나 가능성이 아니라 실제로 노바룸이 발생하고 있다. 경제학자가 아니라도 누구나 느낄 수 있는 사태이다. 혼돈 가운데에서 창조가 나왔음을 역사는 우리에게 증거하고 있다.

이 행성 지구의 자원은 한정되어 있는데 GNP가 계속 상승하는 마술이 무엇일까? 줄어들면서 늘어난다? 개인의 경쟁심리를 흔들어 사회의 경쟁력을 진작시킨다? 이것은 경쟁의 쳇바퀴다. 사적인 이익을 추구하게 하면 늘 사회 전체의 이익을 높인다는데 '보이지 않는 힘'은 불평등과 공공성의 상실이 아니었던가? 금리를 인하하여 '돈을 풀어 돈을 번다' 식의 금융자본가의 발상은 우리를 빚의 함정으로 몰아넣지 않는가? 부채사회 속에서 우리는 행복한가? 경제학에서는 기후변화라는 와일드 카드를 어떻게 사용하는가? 보다 분명해지는 것은 물질이 포화상태인데도 안 가지고, 없는 사람일수록 늘 돈타령을 하는 함정에 빠져 있고 소외감과 두려움, 외로움을 느끼고 타인에 대한 극도의 불신이 팽배해져 간다는 것이 우리의 현실이다.

각종 전자제품이 포화상태라서 더 이상 팔아먹을 곳이 없다. GMO의 밥상침공과 먹을거리의 황폐, 심리적 황폐, 비만과 과소비, 초고령화 사회에 진입하면서 누가 더 행복한가? 강남 학원가의 아이들인가? 방글라데시 빈민가에 사는 아이들인가? GDP가 약 8% 증가했으니 항우울제 처방을 들고 행복할거라고 누가 말하는가? 지금도 정부의 장관들은 대안이나 해결책으로 양적 성장, 양적 완화를 말하고 있지만 그들은 가난을 전혀 알 길이 없다!

우리는 가슴에 성호만 긋고 살아갈 수 없다. 교황 프란치스코의 말씀대로 싸워야 한다. 1891년에 5월 15일에 발표한 레오 13세의 역사적인 레룸 노바룸과 100년 뒤 1991년에 교황 요한 바오로 2세께서 발표한 '새 레룸 노바룸'을 프란치스코 교황님은 한 걸음 더 나아가 2013년 11월 16일에 발표한 '복음의 기쁨'을 들고 거리로 나아갔다. 이미 3차 세계대전은 벌어졌다. 국가 대 국가가 아니라 '금융자본' 대 '생태자본' 혹은 '사회적 자본'의 대전이다. 이것이 'Rerum Novarum'이다. 레오 13세는 이 회칙에서 '자본주의 폐해와 사회주의의 환상'이라는 말로 정리하였고 교황 요한 바오로 2세는 기념 회칙 새 레룸 노바룸에서 '사회주의의 폐해와 자본주의의 환상'이라는 말로 우리 시대를 정리하였다. 레룸 노바룸은 20세기를 열었고 새 레룸 노바룸은 21세기를 열었다. 그러나 우리 앞에는 두 장의 와일드 카드가 놓여 있다. 한 장은 기후변화이고 다른 한 장은 사이버 테러리스트이다. 그들이 디지털 공격을 하면 우리의 문명은 한 방에 무너질 수 있다.

사회주의와 자본주의의 환상은 깨졌고 새로운 사태는 세계 무대에 등장하고 있다. 주요 인사들과 개념을 소개하면 아래와 같다.

· 1962년 침묵의 봄을 예언한 생태성인 레이첼 카슨
· 호세 마리아 아리스멘디아리에타 신부의 몬드라곤 사회적 협동조합
· 지학순 주교의 원주 생활협동조합들의 르네상스
· 토마스 베리 신부의 우주 이야기의 생태대 경제
· 장일순의 '좁쌀 한 알에도 우주가 있다네'

- 교황 요한 바오로 2세의 새 레룸 노바룸을 자문한 우자와 히로후미 교수의 사회적 공통 자본(자연환경, 사회적 인프라, 제도자본 즉 자본주의와 사회주의를 넘어 제도주의 사상)
- 일본 생활협동조합의 대부 가가와 도요히코 목사
- 법정스님의 무소유와 공유경제를 기반으로 하는 사회적 경제와 사회적기업가(수익과 공공선을 통합하는 협력적 방식)
- 과거를 동경하는 자연과의 공생이 아닌 프로슈머로서 자급자족의 자연과 공생하는 그리운 미래

토마스 베리의 경제학의 최우선 목표는 인간복지는 자연세계의 웰빙과 통합되어야 한다고 주장한다. "우리가 난관에 직면하는 것은 우리 경제의 산업 형태가 자연계의 순환 기능을 붕괴시킬 때이며, 인간의 과학기술이 지구 체제의 조직에 파괴적일 때이다. 이런 상황에서 자연계의 생산력과 생명체계는 약해진다. 자연이 적자 상태에 놓이면 우리도 적자를 보게 된다. 대량생산과 대량소비의 성장과 진보곡선은 생산성의 딜레마에 빠지게 될 수밖에 없다."

지구경제학 위에 인간경제학을 세워야 하는 것이다.

조 마리아 어머니의 리더십

하양 가톨릭 대학 입구에는 안중근 연구소가 있다. 작은 연구소이지만 안중근 토마스의 시간과 공간을 느낄 수 있는 곳이다. 학생들에게 자주 이 연구소를 방문할 것을 권한다. 연구소 안에는 안중근 토마스의 따님 안현생 데레사님의 우리 대학 재직기록과 묘지 탁본도 있다. 안 데레사 교수님은 1953년부터 3년간 불문학 교수로 효성대학에 계셨다.

우리 대학 도서관 앞에는 안중근 동상이 우리를 지켜보고 있다. 안중근 동상은 함평 임시정부 기념관, 부천 안중근 공원, 천안 독립 기념관, 안성 미리내 성지, 광주 육군 보병학교, 남산 안중근 기념관에도 있다. 우리 대학의 동상은 젊은 안중근을 그려내고 있다.

이 연구소 안에서 우리가 눈여겨 볼 것은 안중근 의사의 어머니 조마리아에 대한 이야기이다.

'모난 돌이 정 맞는다'는 말이 있다. 세상사는 물결 흐르듯이 그렇게 사는 것이 아니라 당당히 자신의 주장을 펼치는 사회로 만들기 위해서는 조마리아와 같은 마음이 필요하다. 나라를 위해서 공동체 선을 위해서 자신의 목숨을 버릴 수 있는 아들을 길러 낼 수 있는 것이다. 안중근의 어머니 조마리아님은 안중근 의사를 내 자식이 아닌 대한의 자식으로 키웠다.

항소하지 말고, 당당히 죽어, 명예를 지켜라
- 조마리아 여사가 아들 안중근 토마스에게 쓴 편지

장한 아들 보아라. 네가 어미보다 먼저 죽는 것을 불효라고 생각하면 이 어미는 웃음거리가 될 것이다. 너의 죽음은 한 사람 것이 아닌 조선인 전체의 공분을 짊어진다. 네가 항소를 한다면 그건 일제에 목숨을 구걸하는 것이다. 나라를 위해 딴 맘먹지 말고 죽어라. 대의를 위해 죽는 것이 어미에 대한 효도다. 아마도 이 편지는 어미가 쓰는 마지막 편지가 될 것이다. 네 수의를 지어 보내니 이 옷을 입고 잘 가거라. 어미는 현세에서 재회하길 기대하지 않으니 다음 세상에는 선량한 천부의 아들이 되어 이 세상에 나오너라.

이 마지막 가는 길 앞에서 두려울까 마음을 다잡게 하기 위함이었을 것이다. 자식의 죽음을 앞두고 자식에게 사형대의 수의를 지어주면서 편지를 쓰는 어머니가 세상에 과연 몇이나 될까?

조마리아 여사는 무엇에 대한 확신이 있었기에 강한 어머니로 살아갈 수 있었던 것일까? 그러나 '죽는 것이 효도'라고 말한 어머니라고 아프지 않았을까. 조마리아 여사는 안중근 의사의 재판일이 정해지자 변호사를 찾기 위해 조선인 중 가장 유능한 변호사를 찾으러 동분서주하다, 당시 평양에 있던 안병찬 변호사를 직접 찾아가 변호를 부탁한다. 안변호사는 이에 흔쾌히 변호를 맡았으나 일본이 조선인 변호사는 공판에 참여할 수 없다고 규정을 바꿔 참여할 수 없었다고 기록돼 있다. 어머니는 어머니다.

조마리아 여사는 독립운동을 연구하는 이들에게는 '남다른 여걸'로 불렸다고 한다. 조 여사의 당시 사회적 활동을 보면 아들 못지않았기 때문이다. 조 여사의 공식적인 사회활동은 1907년 국채보상운동 참여로 직접 '안중근 자친'이란 명의로 은가락지, 은장도 등을 기부한 것을 시작해 아들의 행방을 탐문하러 온 일본 순사들을 향해 의연히 꾸짖어 일본 순사들을 머쓱하게 해 '그 어머니에 그 아들'이란 제목으로 〈황성신문〉에 실리기도 했다.

그는 아들이 죽은 후 아예 가족들을 이끌고 연해주로 망명을 가 독립운동가들의 생계를 봐주는 '독립운동의 대모' 역할을 자처했다. 이후 1920년 4월 상해임시정부가 생기자 가족과 상해로 이주, 과거부터 인연을 맺어온 김구 선생의 어머니 곽낙원 여사를 만나 독립운동의 안살림을 챙겼다. 결정적으로 1926년 상해 재류동포정부경제후원회 위원으로 선출돼 위원 자격으로 활동하는 등 독립운동에 헌신적이었다.

안중근이라는 인물을 만든 것은 기개가 담대하고 성품이 당당한 조마리아 모성의 리더십이다. 안 의사의 의거 현장에서 아들과 '대의'를 위해 평생을 바친 그의 어머니 조마리아 여사의 '모성의 리더십'을 기억하고 싶다.

그 나이에 대학에서 뭐하노?

가톨릭 대학에 온 지도 벌써 석 달이 지났다. 강의실에서 다양한 학생들을 만나고 있다.

흔히 대가대 새내기 학생들은 중간 등급에 해당될 것이라고 본다. 고 3 담임선생들은 '그럴바엔' 대가대 가라고 한다는 이야기를 들었다. 대가대 학생들은 어중간하다는 말이다. 여기도 못가고 저기도 못가는 아이들이 대가대 간다는 루머를 들었다.

이 대학에 다니는 교수님이나 신부님들로부터 학생들의 자존감이 많이 낮다는 이야기를 자주 들은 것 같다. 여기에서 이런 의문이 생긴다. 공부를 못하면 자존감도 낮은가 하는 것이다. 그리고 공부를 못하면 집안형편이 안 좋다는 것이다. 과연 공부와 재력은 같이 가는 것일까? 공부와 자존감, 공부와 경제력에 대한 두 전제는 옳지 못하다고 생각한다. 오직 우리 사회가 성적과 돈으로만 평가하다보니 이렇게 되었다고 본다.

새내기 학생들은 인지적인 면에서 서울대를 포함 스카이 대학을 가는 학생들보다 떨어질지 모른다. 그러나 정의적인 면 즉 정서적인 면에서는 대가대 학생들은 품성이나 마음씀씀이가 다르다. 마음이 선하고 아름다운 감성을 지닌 학생들을 만난다.

한국의 일류 영재들이-공부도 잘하고-유럽이나 미국에 유학에 가면 이류가 되는 이유가 있다. 물론 이 학생들은 토익이나 토플 성적은 높고 스펙은 화려하다. 경제력도 대부분 좋다. 영어도 잘한다. 그런데 그런 일류가 왜 이류가 될까? 이유는 간단하다. 인지적인 면에서는 일류지만 정서적인 면에서는 꼴찌이다. 친구도 사귀지 못하고 봉사활동도 하지 못하고 놀지도 못하고 배려하지 못하고 공공질서도 지키지 못한다.

지금 우리 교육의 문제는 머리만 잔뜩 굴리도록 한다는 것이다. 머리에서 가슴으로가 아니라 가슴에서 머리로 가야하지 않을까? 가슴이 머리만큼 움직일 때 비로소 깊이 있고 지속적인 학습이 발생함을 대안학교에서 일하면서 터득하였다. 이러한 면에서 우리 대가대 학생들은 경쟁력이 있다.

교육목표는 직업알선이나 취업률이 아니다. 교육목표는 훨씬 더 원대하고 심오하다. 요사이 대학은 취업률에 목을 매달고 있는 것 같다. 취업률은 속고 속이는 게임과 같다. 현장에서 직업기술은 있으나 사회적 정서적 기술이 없는 학생들이 일관성 있고 지속가능하게 자신의 삶을 살아가는데 실패한 경우를 많이 보았다.

사람들이 자주 묻는다.

"니는 그 나이에 무엇을 아이들에게 가르치노?"

나는 이렇게 답한다.

"난 가르치지 않습니다. 공감을 터득할 뿐입니다."

하얼빈에서

　한중일의 평화논쟁 중심부에 존재하는 하얼빈 역에 있는 안중근 기념관을 방문하였다. 뤼순은 이번 방문에서는 시간과 거리상 다음으로 미루었다. 기념관은 생각보다 아주 단순하고 소박하였으나 안중근의 가정, 교육 그리고 신앙을 잘 다루고 있었다. 또 하얼빈 거사의 10일간이라는 제목으로 역사적 사실을 다루고 있었다. 기념관 창문 넘어 이토가 저격된 장소와 안중근이 저격한 장소를 표시한 것을 긴 시간 동안 지켜보았다. 저렇게 가까운 곳에서 저격할 수 있었다니 놀라웠다. 그것도 이토가 40분 만에 절명할 정도로 아주 정확하게 쏘았으니 말이다. 이토의 마지막 말이 안중근에게 바보라고 하였다니 누가 역사 속에서 바보가 되었는지 혹은 웃음거리가 되었는지 아직도 모르는 사람이 있다면 아베 수상이라든가 혹은 스가 장관이 아닐까?
　하얼빈에서 기념관을 방문한 날 스가 장관은 "일본입장에서 말하자면 안중근 기념관은 범죄자 테러리스토 기념관"이라며 안 의사를 깔아뭉갰다. 이 발언의 배경은 시진핑 중국 국가주석이 독일에서 "일본 군국주의가 난징을 침략해 30여 만을 도살하는 전대미문의 참상을 저질렀다"는 말에 열 받아서 스가 요시히데 일본 관방장관이 한 발언이라는 생각이 든다. 그래서 안중근의 동양평화론이 다시금 뜨는 것이다.

우리 가톨릭은 어떻게 안중근을 보는가?

프랑스 외방선교회의 정교분리정책에 의해서 정치 따로 종교 따로 그러니까 따로 국밥처럼 아주 오랫동안 안중근을 범죄자로, 살인자로 혹은 테러리스트는 아니지만 어중간하게 거리를 두고 보았다. 천주교신자라고 하기도 하고 안 하기도 하고 그러다가 김수환 추기경의 태도변화로 안중근을 서서히 모시기 시작하였다. 안중근을 공적으로 복권한 것은 얼마 되지 않지만 아직도 대중신심은 그렇지 않다는 것을 알 수 있다. 정교분리라는 생각 때문이다. 보수적인 주교님들의 성향을 보아서 쉽게 확 당기지 않을 것이라고 본다.

누가 어떤 해석을 하든지 간에 안중근은 종교보다도 민족과 자유 독립이 앞선다. 우리는 안중근에게 무엇을 덧칠하기 전에 안중근 토마스를 제대로 볼 때가 왔다. 요즈음 우리 아이들은 안중근 의사라고 하면 무슨 의사? 한의사? 성형의사라고 할 정도로 역사의식이 빈곤한 것이 사실이다. 문제

된 우리의 현실은 100여 년 전이나 지금이나 별반 다를 것이
없다.

산자연학교를 떠나며

·

이제 공간적으로 영천 산자연학교에서 하양 가톨릭대학으로 이동한다. 시간적으로는 50대에서 60대로 진입하는 것이다.

10년 전 개인적인 소신으로 시작한 산자연학교가 이제는 교육부에서는 정식으로 인가된 대안학교로 학교의 위상이 많이 높아졌다. 10년 동안 정든 곳을 떠나려니 시원섭섭하다. 산으로 치면 등산을 하다가 내려오는 기분이다. 또 한편으로는 무거운 짐을 내려놓은 것 같다. 개인적인 성찰에 대한 부분도 있다. 학생들과 같이 자연을 배경으로 함께 학습하고, 동료애와 동고동락을 느끼며 지내다보니 정이 많이 들었다. 이제 와서 이 자리를 떠나려니, 학생들에게는 미안한 마음이다. '나의 녹색 꿈이 그들에게 최선이었을까?'라는 생각도 든다. 중등 인가가 나는 바람에 초등과 고등을 해산해야 했다.

산자연학교는 폐교를 부활시키고, 농촌을 활성화하는데 기여한 측면도 크다. 특히 대구경북지역에는 대안학교가 많지 않은데, 대안학교의 지평을 넓혀놓은 의의도 찾을 수 있다. 정부지원을 받아 검정고시를 준비하는 학생들 부모의 경제적 부담이 크게 줄어든 것에도 큰 의미를 둘 수 있다. 이제는 합법적으로 교육지원청과 지자체, 교육청 등 패치워크가 열렸다. 공교육이든 대안교육이든 우리 아이들의 행복과 자유를 함께 하기 위해 패치워크를 해야 한다.

본당 신부님들과는 달리 나의 경우는 본당을 떠나 살았다. 처음엔 이 마을에 들어와 동네 여기저기 신고식을 하러 다녔는데 아무개 신부라고 인사하자 "왜 신부가 남자냐?"고 물은 할머니들 생각이 난다. 지금은 나더러 '동네 신부' 또는 '마을 신부'라고 부른다. 돌아보면, 참 흐뭇한 시간이었다.

정든 산자연학교를 떠나며 몇 가지 생각이 떠오른다. 한 걸음만 물러서면 우리 사회가 한결 살 만한 공간이 될 수 있다는 것이다.

한때 우리 지역에 '밀양에 신공항이 들어와야 한다'는 현수막이 요란하게 걸렸던 적이 있었다. 그 밀양에 송전탑 건설문제로 그 지역의 할머니들이 자신이 살았던 땅을 지키고자 저렇게 처절하게 투쟁하는데, 왜 그 자리에 프란치스코 교황의 권고 '복음의 기쁨'이 스며들어가지 못할까? 우리 사회의 진정한 자유와 통합은 사회주변이나 변두리, 잉여의 바닥을 끌어안는 것이다. 문제해결 이전에 공감해주고 들어주는 것이 먼저라고 생각한다. 우리 사회가 전자레인지처럼 뜨거운 것은 바로 이런 이유 때문이라고 생각한다.

밀양 할머니들이 큰 것을 요구하는 것도 아니다. 삶의 터전을 지키자는 것이다. 인도의 간디는 "만일 농촌마을이 망한다면 인도가 망할 것"이라고 늘 말했다. 농촌마을을 지속가능하기에 더욱 잘 가꾸어야 한다.

이제 산자연학교를 뒤로 하고, 또다시 다른 일을 시작했다. 1년 전부터 준비한 (사)커뮤니티와 경제라는 단체의 이사장 자리다. 또 다른 새 출발이다. 신부로서는 남들과 다른 길을 걷고 있기에, 또 다른 보람된 일에 힘을 쏟고 싶다. '(사)커뮤니티와 경제'는 정부지원을 받아 대구경북지역의 농촌이나 창업을 하고자 하는 젊은이들이 새로운 아이템으로 시장에 뛰어들 수 있도록 북돋워주는 사회적 기업, 마을기업, 협동조합이다. 산자연학교에서 배운 많은 교훈과 추억을 담고, 이제는 공동체와 경제라는 큰 주제를 갖고 사회와 소통하며 새로운 주님 안의 일을 출발한다.

그리고 가톨릭대학에서 문학박사를 받았다. 이렇게 늦게 무슨 학위인가하고 반문하는 분도 있지만 나와 나 자신이 걸어온 여정의 경영평가서라고 보면 좋겠다. 한국가톨릭의 생태의식과 실천모델 연구의 논문이다. 이 대학의 인성교양 부에서 젊은이들에게 희망을 주는 나의 작업이 나 자신에게 도 희망이 되기를 빈다.

골 때리는 추석선물을 받다

추석 선물로 카놀라유 2개와 SPAM 7개, 그리고 알래스카 연어(친절하게도 자연산 연어 100%, 오메가 3포함) 깡통 3개가 담겨진 선물 세트를 받았다. 이참에 카놀라유를 꼼꼼히 살펴보았다.

이번 추석에 전을 만들 때 사용하는 식용유 카놀라유! 부침과 튀김 구이 등에 이용하는 카놀라유는 100% 캐나다산이다. 물론 당연히 유전자조작에 의한 유채 식용유이다. 유전자 조작으로 만든 종자는 불임이 되도록 만든다. 왜? 계속 팔아먹기 위해서다. 불임과 난임의 원조는 유전자조작이다. 듀퐁, 몬산토, 다우 등 다국적기업이다. 몬산토는 우리나라 광화문에 사무실을 차려놓고 있다. 우리 한국은 봉이다. 충성스런 봉이다. 몬산토 1년 매출은 우리나라 연간 예산과 맞먹는다고 한다. 어마어마하다. 정부규제 운운하는 분은 참으로 순진하다. 이미 정부나 국회 심지어 몬산토의 장학생,

농과대학 교수까지 로비하고 있다. 언론도 입을 꾹 다물고 있다. 학자, 언론인, 전문가들이 그 작태를 부리니 참으로 한심하다. 우리나라는 GMO 천국이다. 규제타파와 완화, 표시제 없음! 중구난방이다. 지금 한국에 들어오고 있는 옥수수와 콩, 카놀라유 몽땅 GMO이다. 통조림 먹는 사람은 어리석은 사람이다. 그 안에 참치 통조림, 연어 통조림 그 안에 기름이 다 카놀라유이다.

1998년 영국의 푸스타이 박사가 이미 실험을 하였고, 프랑스 파리대학의 셀라라니 교수 팀이 발표한 논문! 실험용 쥐 2000마리에게 2년 동안, 사람으로 치면 10년 동안, 계속해서 GMO옥수수를 먹였더니 결과는 각종 종양이 생기고 장과 위장이 비틀어지고, 유방암이 생겼다. 피해는 암컷과 수컷 7대3의 비율로 나타났다. 여성이 위험하다. 환경호르몬은 여성이 더 취약하다. 암치료 중인 사람은 절대 먹어서는 안 된다. 문제는 2세로 가면 자폐증과 불임증이 등장한다. GMO두부, GMO콩나물, 두유 등 카놀라유를 먹어서는 안 된다. 그럴 수밖에 없는 것이 종자를 계속 팔아먹으려고 GMO는 모두 불임이 되도록 미리 조작돼 있다. 러시아에서도 실험을 하였지만 가장 완벽하게 가까운 것이 셀라라니 교수의 실험이다. 유럽은 GMO가 발을 들여 놓을 수가 없다.

유채꽃 식용유를 개발하려고 하는 이유도 바로 여기에 있다.

새로운 세상을 창조하는
인재의 6가지 조건

영국의 한 11세 소년은 디자이너를 '가슴으로 생각하는 사람'(다니엘 핑크의 『A wholo New mind』에서 참고)이라고 했고 러시아의 철학자는 '큰돈을 움직이는 사람'이라고 정의했다. 이제는 '가슴으로 생각하는 사람이 큰돈을 움직인다'로 결론을 내어도 좋을 것이다.

1. 디자인 - 하이콘셉트 시대의 핵심능력

단순히 기능만을 갖춘 제품, 서비스, 경험, 라이프 스타일만으로는 더 이상 충분하지 않다. 이와 같이 시각적으로 아름답거나 좋은 감정을 선사할 수 있는 가치를 만들어야 경제적 개인적 보상을 받을 수 있다.

2. 스토리 - 사람의 마음을 움직이는 제3의 감성

우리 시대의 삶은 정보와 데이터로 넘쳐나고 있기에 강력한 메시지를 쏟아내는 것만으로 부족하다. 어디선가 누군가 분명 자신의 주장을 반박할 수 있는 요소를 찾을 것이다. 또한 본질적으로 설득, 의사소통, 자기이해 등은 훌륭한 스토리를 만들어내는 능력의 밑받침이다.

3. 조화 - 경계를 넘나드는 창의성의 원천

큰 그림을 보는 능력이다. 시스템적 사고, 통섭적인 사고라고 말할 수 있다. 패턴적 사고! 전체를 보는 눈이다. 창의성은 관습적 사고를 깨는 것이다. 여러 분야의 경계를 두루두루 넘나들어라. 산업화 시대 및 정보화 시대에는 집중과 전문가가 요구되었다. 하지만 화이트칼라 업무가 아시아로 넘어가거나 소프트웨어로 인해 줄어듦에 따라 그와는 반대적인 특질에 새로운 부가가치가 생겨났다. 즉 작은 부분들을 붙이는 능력.

내가 지난번 '통섭과 희망' 시간에 말한 통합 = 좌뇌와 우뇌의 조화! 지금은 분석이 아니라 통합이다. 즉 큰 그림을 볼 수 있고 새로운 전제를 구성하기 위해 이질적인 조각들을 서로 결합해 내는 능력이다.

4. 공감 - 삶의 필수적인 요소

분석적이고 논리적인 사고도 인간답게 만드는 능력이다. 정보화 시대에는 논리만으로 부족하다. 감정 코칭이 아주 중요하다. 배려, 이해, 유대강화, 역지사지의 마음이다. 측은 지심!

5. 놀이 - 호모 루덴스의 진화

웃음, 명랑한 마음, 유머, 게임 등은 건강의 면에서 또 사회적인 면에서 아주 중요한 에너지이다. 물론 진지함도 필요하다. 진지함만이 전부가 아니다. 마음의 여유를 즐기려고 노력해야 한다.

6. 물질과 소비만으로는 부족 - 의미를 찾아야 한다

빅터 프랭클의 의미요법이 있다. 우리는 지금 풍요의 시대에 산다. 물질의 풍요 속에 마음의 빈곤이 바로 그것이다. 우리 한국의 놀라운 경제성장과 놀라운 자살 증가! 자살의 고공행진은 무슨 이유인가? 하루 40명 정도의 자살. 삶의 보다 더 깊은 의미를 모색하게 되었다. 의미가 없으면 공허하다. 목적의식, 초월적인 가치, 그리고 정신적인 만족감이 그것이다. 의미를 발견하는 능력은 필수적인 재능이다.

실하지 않은 나무에는
새들이 깃들지 않는다

왕따 문제가 우리 교육의 가장 큰 문제인 것처럼 부각되고 있다. 심지어 이 문제가 이제는 학교폭력으로 더 크게 확대되어 경찰청장까지 나서게 되었다.

경찰이 학교 현장에 적극 개입한 것은 놀라운 일이다. 이렇게 문제를 해결해도 될까? 아이들은 어른들의 뒷모습을 보고 자라는데 왕따와 집단 따돌림의 문제를 단순히 자라나는 청소년들의 학교폭력의 한 면으로 보는 것은 문제해결을 위한 태도가 아니다.

어느 신문의 사설에서 왕따 문제를 해결할 수 있는 대안학교를 만들어야 된다고 논리를 전개하는 것을 보면 무엇이 문제의 원인인지 전혀 모르는 것 같다. 교육의 문제는 교육적으로 풀어가야 한다. 만약에 왕따 문제를 해결하기 위한 또 하나의 대안학교를 만든다면 이것은 또 하나의 폭력이다.

살레시오 수도회 창설자 요한 보스코 성인은 '교육은 마음의 일'이라고 하였다. 교육은 잘 드러나지 않는 일이다. 보이면 보일수록 교육이 일그러질 가능성이 커질 수 있다. 교육은 실제로 안 보이는 데서 시작한다. 교육은 혼의 일이다. 보이는 것 같아도 결국엔 보이지 않고 인간의 혼으로, 지역사회의 혼으로, 민족의 혼으로, 세계의 혼으로, 영혼의 일로 배어든다. 도대체 교육이란 무엇인가? 교육(education)은 교육(education)을 하는 사람이 교육(education)을 받는 사람에게 이미 주어진 것, 이미 그 존재에게 형성되어 있는 것, 그 존재에게 이미 이끌어낼 것이 있다는 것을 전제한다. 그 이미 있는 것이 무엇인가? 먼저 배움이다. 배움의 나눔, 서로 배움, 상호 형성 즉 배움의 기쁨과 충만 그리고 자기로 살아가는 아름다움, 너를 너로 살게 하는 기쁨과 충만, 공공성과 정의-귀족 중심 교육의 극복과 기회의 균등 말하자면 동반-자발-존중이냐 아니면 통제-시혜-억압인가? 이 교육을 동반-자발-존중 패러다임으로 지켜가는 교육과 통제-시혜-억압 패러다임으로 전도시키는 교육유형이 있을 수 있다. 전자는 방임-방종-무례로 비판받을 수 있고, 또 실제로 이런 결과를 낳을 수도 있다. 후자는 관리-정의-책임을 표방할 수 있고, 실제로 이런 관점을 관철시키면서 교육의 효과를 발생시키기도 한다. 그러나 이 두 유형의 교육 형태는 지금 학교에서 인간으로서 자신의 존엄을 실현하게 하는 결실을 보고 어느 것이 진정한 교육인가 판결받게 될 것이고 왕따 문제도 이런 맥락에서 봐야 하고 그 해결책도 마찬가지이다.

왕따 문제를 해결할 수 있는 길은 회개와 성찰이다. 누굴 탓할 문제가 아니라고 본다. 사법처리하고 직위해제하고 갑자기 무슨 난리를 치르듯이 해결책을 마련하는 것은 교사들만 피곤하게 한다. 무엇보다도 교육에 관한 일은 마음의 일이다. 발효기간을 필요로 하는 것이 마음의 일이다. 한 교육자가 본 교실 현장에 대한 비판적 성찰을 통해 우리 교육의 현주소를 돌아보는데 한 중요한 전거가 되어 줄 수 있을 것으로 본다. 존 테일러 개토는 '교사들의 일곱 가지 죄'를 고백한 적이 있다. 개토는 이 고백을 할 당시 26년 교사 경력에, 미국 교육계에서 모범 교사상을 여러 번 수상하였다. 그는 교사가 어린이와 청소년들 앞에서 범하는 죄들 가운데서 7가지를 언급하였다. 미국에서 교육이 어떻게 이루어지고 있는지를 교사 자신이 성찰하고 제시한 점에서 우리 교육의 현재를 성찰하는데 거울이 될 수 있을 것이다.

 1. 혼란 2. 교실에 갇히기 3. 무관심 4. 정서적 의존성
 5. 지적 의존성 6. 조건부 자신감 7. 숨을 곳이 없다
 개토는 이 7가지 죄가 아이들이 자신이 원래 무엇을 타고났는지를 알아낼 수 있는 길을 영원히 잃어버리게 한다고 지적한다.

혼란을 가르치고 발생시키는 죄는 연령별 격리에 기초한 교육으로 단절을 낳게 한다. 이는 동일 학년에서도 관계의 단절을 부추기며, 일상에서 동떨어진 교육 내용을 전문화하여 고립시켜 가르치면서 궁극적으로 질서가 아니라 혼란을 발생시킨다. 왜냐하면 교육이 학생들에게 모든 일과 모든 것 사이에 연관성을 해체하도록 가르치기 때문이다. 바로 교실에 갇혀 있도록 가르치고 교실에 가두는 죄이다. 이런 교육의 예로는 학생들에게 번호를 매기고 자리 지정하기, 성적순으로 우열을 그룹화하기, 통제하기, 현수막 써 붙이기 등이다. 정서적 의존을 가르치고 키우는 죄는 눈치 보게 만드는 교육, 승인받은 심리, 비자율적이게 하며 자율성에 대한 거부를 체험하게 하면서, 학생들의 자존심을 약화시키는 것이다. 무관심을 가르치고 무관심하게 만드는 죄는 국영수 과목에 집중하게 하는 것, 학교벨 소리로 학생들의 지적 호기심을 제약하고, 통제와 안목의 협소화를 유발하며, 배우는 것들에 대한 열정을 위축시키는 것이다.

개토는 이 같은 교수 과정을 통하여 교사는 지적 의존을 가르치고 심화시키는 죄를 발생시킨다고 하였다. 예컨대 "선생님, 우리 뭐해요?" 혹은 "엄마한테 물어보고요" 등의 대화에서 학생들의 특성이 드러난다. 학생들의 사고를 학생들이 부여받은 역량에 맞추어 가기보단 교과에 맞추어 길들이고 특정교과에만 치중하여 교육하다 보니 지적 내용과 지적 방식을 통제하게 된다. 이는 상호 배움이 아니라 교사들에 대한 학생들의 종속으로 귀결된다. 조건부 자신감이 생기지 않을 수 없다. 성적에 따라 시험에 따라 내신 등급에 따라 평가와 판별을 받다 보니까 자신의 가치가 어떤 것인지도 남이 가르쳐 주어야 한다. 자존감과 자신감이 약화되고 경쟁과 마찬가지로 불만을 갖게 된다. 왕따 문제의 심리적 기초는 학생들이 학교생활에서 충만함을 느끼지 못하고 배움의 기쁨을 체험하지 못하기 때문이다. 아이들은 숨을 곳이 없다. 자기만의 시간도 없고, 휴식도 없고 늘 공부에만 매달리게 되다보니 결국은 감시하고 감시받고 있다. 이 모든 것은 개토의 가르치는 죄에 의해서 강화된다.

과연 왕따 문제와 학교 폭력 문제를 이 교육으로 해결할 수 있을까? 오히려 학교가 어린 아이들의 두려움이나 불안, 공포심과 이기심, 미숙함을 이용하지 않는가? 요리법을 안다고 요리를 하지 않고 살 수 있는 것은 아니다. 요리법 자체를 먹고 사는 것은 아니다. 요리에 대한 정보나 가르침으로 배고픔을 해결할 수가 없다. 학생들에게 먹을 음식을 대 주는 것도 중요하지만 그들에게 요리법을 가르쳐서 함께 해 먹고 스스로 요리법을 적용하여 요리를 할 때마다 배움의 기쁨이 솟아나는 즐거움을 체험하는 아이들은 참으로 행복하다. 뿌리 깊은 나뭇가지(교육공동체)에서 새들이 집을 짓고 비상한다.

역사의 구원투수

　요즈음 야구가 한창이다. 8회 말이나 9회 말, 이기느냐 지느냐하는 절체절명의 타이밍에 팀을 구원하기 위해 등장하는 투수가 있다. 야구의 구원투수는 그 팀의 승리를 지킬 수도 있고 오히려 한 점의 점수를 지키지 못해 패전투수로 순식간에 전락하기도 한다. 야구만 그런가, 메타포로 정치는 어떤가? 정권 말기가 그렇듯이 암 말기가 그렇듯이 말기 때는 한꺼번에 터지거나 붕괴되기도 한다.

　역사의 말기 경우는 어떨까? 로마의 쇠락으로 나타난 어두운 세기에 이루어진 중세 그리스도교의 출현에는 예수가 구원투수였다. 이렇듯 위기 때마다 등장하는 역사의 구원투수가 있었다. 역사의 말기 때마다 등장한 그 사람들은 삼국시대 말의 원효, 고려 말의 일연, 조선 말의 최제우 그리고 현대 말의 장일순이다. 이것은 어디까지나 나의 해석이다. 한번도 상봉하지 못한 이 네 분의 구원투수는 오늘날 우리의 시대에 어떤 의미를 줄까? 사람들이 예루살렘으로, 인도로 성지순례를 가는데 인도에 있는 깨달음은 이 네 분의 탄생지에도 당연히 있지 않을까? 왜 우리는 그 멀리 성지순례를 가는가? 인도에도 무엇인가 있다면 우리에게도 있어야 진리이다. 성지는 우리 가운데에 있다.

삼국의 한 부족이 직면한 삼국통일 말기의 위기를 통찰한 원효(617~686) 시대의 위기와 우리가 직면한 행정 차원의 위기는 그 범주나 차원이 다르다. 한 부족이 사느냐 죽느냐의 문제를 뛰어넘어 '종種의 수준'에서 지금처럼 전 인류가 이렇게 결정적인 때는 없었다. 인간은 지금 막다른 골목에 처해 있다. 우리가 행성 지구의 생명 체계를 막다른 골목으로 몰아갔기 때문이다.

일연(1206~1289) 스님은 고려 시대를 구한 새로운 이야기인 「삼국유사」를 우리에게 남겼다. 고려 시대 내적인 항쟁인 무신 정권의 문화적 암흑기에 매몰된 고려 사회는 외적인 항쟁인, 고종高宗 18년 이래 계속된 몽고의 야만적인 침략과 지배로 인해 국가적으로 가장 큰 환란인 몽고족의 침입을 겪게 된다. 그리고 원元의 간섭을 받기 시작한 뒤를 이어 고려에 강요된 일본 정벌을 위한 경제적, 군사적 부담까지 겹쳤다. 30여 년간의 항전과 몽고 지배로 인해 한반도는 피폐할 대로 피폐하였다. 이러한 시대적 상황에서 몽고를 상대로 한 민족의 대항전 속에서 민족의 자의식이 더욱 발전적으로 심화되어 민족 이야기인 삼국유사를 낳게 한 것이라고 생각된다.

삼국유사는 고려 시대의 구원의 역사적 이야기이지만 우리에게는 '새로운 우주 이야기'가 필요하다. 왜냐하면 우리가 일으킨 변화는 그 성격과 규모 면에서 현대 인류가 약 6만 년 전 출현한 이래 가장 중요한 변화이기 때문이다. 우리는 날마다 1분에 약 20만 평방미터씩 열대우림을 쓸어내고 있다. 토양 유실, 기후 변화, 핵발전소, 식량 위기 등 한 부족, 한 나라, 한 대륙의 문제가 아니다. 지구 공동체의 생존이 달린 문제가 생태 위기의 문제이다. 일연의 새로운 민족 이야기가 삼국유사처럼 이 우주 전체의 이야기 즉 별의 이야기, 은하 이야기, 지구 이야기, 생명 이야기, 인간 이야기를 담은 137억 년의 우주 전체의 이야기가 필요한 시대이다.

유불선을 통합하고 동학까지도 통섭한 장일순(1928~1994)은 "일완지식 함천지인一碗之食 含天地人, 밥 한 그릇 속에 우주가 있다"고 말했다. 토마스 베리 신부(1914~2009)는 1978년에 새로운 이야기 즉 '우주 이야기'를 창안하였다. 고려를 구한 '삼국유사', 이집트의 이스라엘을 구한 '모세 5경'과 같이 지금 이 시대 우리에게는 지구 전체의 종을 구원하는 새로운 이야기, 우주 이야기가 요청된다. 토마스 베리는 이렇게 말하였다. "사람들은 이야기를 통해 파국을 견뎌낼 수 있고, 그들의 운명을 변화시킬 에너지를 모을 수 있다." 우주 이야기의 스토리텔링이 이 지구 공동체를 구할 수 있을까?

우주 빅뱅을 창안한 르메트르 신부(1894~1966)와 아인슈타인은 서로 만난 적이 있지만 장일순과 토마스 베리는 동시대를 살면서도 만난 적은 없다. 그러나 두 분은 종種의 차원에서 신생대 말기에서 새로운 '생태대'(ecozoic) 언어를 창안하였다. 새로운 종교를 발명하자는 말이 아니다. 일연처럼 동학의 제2대 교주 최시형처럼 생명에 대한 혹은 행성 지구에 대한 '새로운 종교적 감수성'을 창안하지 않으면, 우리 모두는 멸망할 것이다. 자연은 우리가 가하는 무한한 고통을 무한정 견딜 수 없기에 우리는 자연 세계의 신적 방향에 순명하지 않으면 파멸할 것이다. 이것은 피할 수 없는 피크오일처럼 궁극적 명령이다.

21세기 종교의 역할은 해방을 그리며 신음하는 바오로 사도의 고백, 즉 함께 아파함의 '공감'에는 지구의 고난까지 포함되어 있다. 내가 보기에 그리스도교의 미래는 우리 그리스도인들이 지구의 운명에 대해 자신에게 책임이 있음을 받아들이는 애티튜드attitude에 달려 있다.

젊음과 늙음

　사람들은 나에게 젊은 사람들과 지내니 좋겠다는 말을 자주 한다. 뭐 기분 나쁠 것도 없지만 그런데 마음이 편하지 못하다. 그러한 말 속에는 여대생들의 옷차림이 그렇고 하니 보기에 좋겠네라는 암시도 깔려있기도 하고 또 노골적으로 표현하기도 한다. 그러나 우리 시대의 늙은이와 젊은이 사이의 상호관계가 거의 전쟁에 가깝다고 말하는 것이 제일 정확한 표현일 것이다. 심심찮게 '20대와 30대, 50대와 60대의 전투장에서 벌어지는 세대 전쟁이 지금의 현실이다'라는 소리가 들린다. '삼포시대'라고 말하기 하고 일본 말로 '사토리 세대'라고 말하기도 한다. 한마디로 성인중심사회가 젊은이들을 파멸시키고 있다고 해도 과언이 아니다.

　지금 대학의 캠퍼스에는 젊은이들의 패션물결이 일찍 핀 벚꽃처럼 젊음만 활동하는 것 같다. 젊음이 늙음과의 편향적인 관계를 상실할 때 광적인 젊음이 된다. 여기에는 늙음이 함께 할 자리가 없다. 난 내 나이보다 30~40년이나 어린 학생들과 함께 강의실에서 마주 한다. 건강한 사회는 젊음과 늙음이 함께 공존한다. 그러나 우리 사회의 젊음은 너무 광적으로 오버되어 있고 늙음 안에는 젊음이 풀려나오지 않고 오히려 정반대이다. 늙음은 더 젊어지려고 하고 젊음은 사토리 세대처럼 더 늙어지고 있다. 젊음과 늙음이 서로 서로 통합하고 있지 않다. '치우친 젊음'과 '치우친 늙음'이 공통으로 지닌 증세는 미래를 무시하고 있다. 늙음은 과거의 영광을, 젊음은 현재의 영광을 찬미하고 있는 것이다.

지금 우리 사회는 영이 돌아가지 않는다. 마치 일자리를 두고 전리품처럼 서로 빼앗으려 하고 빼앗기지 않으려고 한다. 집값은 떨어지고, 연금은 흔들리고, 세금은 불공정하고 그러다 보니 성인들은 쥐고 내놓지 않는다. 젊어서 고생하면 평생 가난하다는 말도 나돌고 있지 않은가! 그래서 젊은 이들은 삼포로 성인사회에 칼을 겨눈다. 노인들도 죽을 때까지도 주머니를 풀지 못한다. 우리 사회는 남북대치보다는, 막 벌어지고 있는 세대전쟁이 더 두렵다. 우리 사회에는 연금을 두고 젊음과 늙음이 서로 욕할 것이 아니다. 새로운 영은 늙음(부모)만으로 태어날 수 없고, 또 젊음(아이)만으로도 탄생할 수 없다. 늙음과 젊음, 부모와 아이와 함께 할 때 이 세상에 참으로 영을 불어넣을 수 있다.

동갑내기 친구를 응원하며

그러니까 70년대 나팔바지가 유행하고 장발단속을 하였던 그해에 우리의 이야기가 시작된다.

중학교 3학년 말쯤이지. 난 그때 영세를 받았지!

우리들의 첫 추억의 효소는 최시동 신부님과 산내 여름산간학교에서부터 담겨지기 시작한다. 효소는 뜸이 중요하고 발효과정이 중요하듯이 너의 글쓰기는 뜬금없이 어느 날 갑자기 카톡에 등장한 것이 아니지. 적어도 내가 느끼기에 한 40년이 걸렸다고 본다.

무명의 글쓰기로, 아무 것도 아닌 자의 윤리학과 미학으로, 자신을 아무 것도 아닌 자로 비우려고 하는 내면의 소리를 들었음이 틀림이 없다. 너의 글쓰기의 땔감은 영락없이 그 추억의 효소라고 생각한다. 우리들의 상상력의 산지는 경주이다. 여기 나오는 글의 땔감과 소스는 경주의 시간이다.

현대인은 머물지 못하고 늘 산만하다. 우리는 왜 우리 스스로에 대해 아무런 의미를 발견하지 못하는가? 가만히 있지 못하고 내달리고 머물지 못하는 이유는 시간을 늦추지 못하기 때문이다. 그런데 친구 형태의 시선은 늘 고향 경주에 머문다. 고향에 대한 숨겨진 향수, 고향으로의 끌림은 어쩔 수 없다. 집이 없으면 그리움도 없다. 역설적이게도 고향 즉 자연이나 우주, 대지에 머물 때 비로소 시간의 향기가 살아난다.

친구는 학창시절뿐만 아니라 인생 내내 만날 때마다, 삶의 부정성의 과잉이랄까 삐딱선을 타고 늘 경계선에서 삶의 닻을 내리지 못하였다. 아직도 '바람' 속에 있는 것을 보면 말이다. 인생의 출발선에서는 '위험스런 태만함'으로 공격적이었던 이 친구가 육십 줄에 들어서서는 인생의 결승선이라는 마지막 레이스를 앞두고 삶을 개조하려 하지 않고 삶을 해석하려는 것을 보면, 나이가 들어가는 '자기배려'의 실천이 글쓰기인가 하는 생각이 든다.

릴케는 어느 젊은 시인에게 쓴 글에서 시에 대한 이야기를 하며 '쓰고 싶은 대로 쓰는 것'이 시라 하였다. 단 쓰지 않으면 못 배기겠다는 마음의 수축과 확산이 시라는 것이다. 또 릴케는 "써라 단 못 배긴다면! 글쓰기가 뻔뻔스런 작업이 아니길 바란다. 그냥 쓰는 것이다"라고 하였다.

　나 역시 문학을 배운 것도 아니고 특별한 재주가 있는 것도 아님에도 불구하고 글을 쓰게 된 것도 쓰다 보니 글이 되었다는 사실이다. 글은 '비로소' 글이 된다.

　단 친구가 툭툭 내 던지는 부정성의 과잉은 긍정성의 향기로 받아들일 때 굴복될 것이라고 본다. 그러나 바람 속에서는 시간이 머물지 못한다는 것을 말하고 싶다. 이제 친구도 종교의 깊은 피곤함에서 영성의 시간을 새로 출발할 시간이다.

　아직도 친구의 눈에 머물지 않는 사물들과 발설되지 않는 글과 언어는 친구 시선의 넓이에 따라 세계가 선사될 것이다.

연기

도시에서는 통 볼 수 없는 명물이 우리 동네에 하나 있다. 그것은 연기이다. 우리 동네 겨울 아침녘에는 연기가 피어 오른다. 집집마다 보일러가 있지만 산에서 나무를 해다가 아궁이에 불을 지핀다. 한번씩 산에 나무하러 가면 동네 할머니를 만난다. 이 추운 날에 왜 나무하러 오셨냐고 물으면 "일하지 않으면 무슨 낙이 있는가" 하고 되묻는다.

저녁 아궁이에 때는 불의 연기는 아름답게 동네에 퍼진다. 연기가 아름다운 것은 자유롭기 때문이다. 저렇게 아름답게 우리도 자유롭게 피어날 수 없을까?

머지않은 옛날에 외할머니가 종종 나에게 아침에 마을 어귀에 나가 어느 집에 연기가 안 나는지 살피라고 한 적이 있었다. 아침에 연기가 안 나는 집은 혹시 끼니가 없을지도 모른다는 것이다. 연기처럼 아름다운 할머니의 사랑하는 마음이다. 사람은 사랑할 때 자유롭고, 자유로울 때 사랑이 연기처럼 피어난다.

　나는 중학교 3학년 말에 천주교로 입교했다. 그때 영세를 주신 그 신부님은 나를 만나기만 하면 늘 내가 어디로 튈지 모른다고 하셨다. 나는 농담으로 '어디로 튈지 모른다'는 것이 '발산 창의력'이라고 응수한다. 내가 요즈음 태어나지 않았기 망정이지 만약에 그렇게 되었다면 영락없이 ADHD라는 꼬리표를 주홍글씨처럼 달고 다녔을지도 모를 일이다. 어느 후배신부는 나더러 자유로운 영혼의 소유자라고 말하지만 그 자유는 제도권하고 맞지 않으며, 설쳐대고, 위험하고, 불경하다는 말로 들린다.
　설치고 자기 멋대로 하는 아이들에게 주는 약이 있다고 한다. 이른바 ADHD증후군이 있는 아이들에게 각성제를 먹이면 고분고분해진다. 참으로 무서운 약물이다. 자유로운 아이를 자유로부터 도피하도록 하기 때문이다. 언제부터인가 우리는 자신이 말을 할 때 주위 눈치를 보기 시작한다. 자기검열이 시작된 것이다. 진정 우리 사회는 자유롭지 못하다. 말을 하고 싶어도 말 못하고, 가고 싶어도 찍힐까봐 가지 못한다. 약간만 다른 말을 해도 틀렸다고 하니까 아예 입을 다물어 버리지 않는가! 최근에는 여기저기에서 너도 종북신부인가 하는 질문을 받는다. 그때마다 나는 그래 '종북신부'가 아니고 '경북신부'라고 웃겨버리고 만다.

독일에서 아주 유명한 대안학교는 발도로프 슐레인데 이 학교가 히틀러 치하에서 학교 문을 닫은 적이 있다. 왜냐하면 그 학교의 철학은 자유로부터 출발하기 때문이다. 자유가 없는 획일화 속에서 우리가 흔히 말하는 창조경제, 창의성, 통합, 융합, 통섭이 제대로 솟아나겠는가?

연기는 어느 곳이라도 잘 스며드는 것은 자유롭기 때문이다. 요한복음에서는 이렇게 말하고 있다.

"바람은 불고 싶은 대로 분다" (3, 8)

역대 교황님의 많은 담화와 회칙을 읽었지만 지금의 프란치스코 교황님의 글만큼 명랑하고 소박하고 콕콕 찌르는 글은 읽지 못했다. 진부한 도식에서, 편안한 느낌을 주는 습관에서 그리고 잘못된 안정감을 주는 습관에서 그분은 참으로 자유로운 분이다. 그리고 터프하고 창조적인 방법을 그분의 첫 권고 '복음의 기쁨(Evangelii Gaudium)'에서 우리에게 제시한다. 프란치스코 교황님은 잘못된 정치를 지적하는 것은 복음화의 소명이라고 아주 단적으로 말해 지금 우리 한국교회가 처한 분열을 치유해 주신다.

사제 정치참여를 반대했던 종교 지도자의 말은 교황 프란치스코의 지적에 따르면 싸워 보기도 전에 이미 져버린 패배주의자의 말이다. 특히 교황님은 교회의 일상생활이 정상적으로 돌아가는 것처럼 보이지만 음울한 실용주의가 교회 안에 만연된 것이 큰 위협이라고 지적하신다. 사회 잉여에 대한 책임을 망각하고 나만 잘살자는 거짓 웰빙주의 뿐만 아니라 교회가 가난한 사람을 망각하면 그 자체로 교회는 붕괴될 것이다. 광대가 새 옷을 갈아입어도 광대인 것처럼 종교지도자가 어제 말과 오늘의 말이 아무리 달라도 본질이 달라지지 않는 한 그런 처신이 정치적이다. 역설적이게도 한국의 종교지도자들의 말은 한국에 오셔서 온 국민의 가슴을 치유하셨던 프란치스코 교황님의 행보와는 전혀 다른 방향으로 나아가고 있는 것 같다. "사랑은 연기처럼 자유롭고 중립이 없다"고 교황님은 가슴에 노란 리본을 달고 말씀하지 않으셨나.

3부

논단

진화와 생태유전(MEME)
중심의 대안대학을 모색하며

진화와 생태 유전자(MEME)[1] 중심의
대안대학을 모색하며

이 글은 산자연학교 설립의 과정에서 체험한 대안교육체제를 바탕으로 하여 현 대학 위기의 근원이 무엇인지를 진단해 보고자 한다. 그리하여 토마스 베리의 '우주 이야기'를 중심으로 생태 공공적 대안대학의 세분화와 특성화로써 위기에 처한 대학의 미래상을 제시하려는 시도이다.

지금부터 11년 전인 2003년, 경북 영천시 화북면에서 폐교를 수리, 복구하여 '오산자연학교'를 설립하였다.[2] 그때는 아주 단순하게 도시의 아이들을 농촌의 자연 속에서 마음대로 뛰어 놀게 하자는 것이 자연학교 설립의 목적이었다. 그 당시 영천교육지원청에서 학교라는 명칭을 사용할 수 없다고 하여 '자연 학습원'이라는 이름으로 등록하였다. 오산자연학교는 '자유롭고'(리버럴) 혁신적인 교육의 새로운 플랫폼이었다. 이 학교는 '자연을 소비하는 인간'이 되기보다는 '생물권 의식으로 자연에 공감하는 인간'으로 살 수 있는 정신적 신체적 능력을 함께 함양하여 각 개인에게 '자급자족 능력'을 길러 주는데 역점을 두었다. 그래서 석유와 같은 재생 불가능한 에너지보다는 '엔트로피를 줄이는 태양 에너지를 사용하는'[3] 학교로 리모델링을 기획하였다. 태양광, 풍력, 육식보다는 유기농 자연식, 로컬푸드, 지열, 산에서 나무하기 등으로 에너지 문제에 초점을 맞춘 '생태 - 진화 중심'의 학교였다. 생태의 근본적인 메시지가 연결과 상호의존이라면 진화의 메시지는 변화와 상호관계이다.

2004년도 오산자연학교에 경제적 사정이 여의치 않았지만 학교에 태양광과 지열 인프라를 설치한 이유는 학생들이 저절로 자연의 리듬(태양, 바람, 비, 햇살, 물 순환 등)에 삶의 주기를 맞출 수 있도록 하기 위해서였다. 화석연료나 핵발전소의 에너지 주기에 따르지 않고 자연의 주기를 따른다는 것은 다시 희망의 빛줄기를 보여 주었다고 생각한다.

1. 대안학교가 마을을 구하다

비인가 대안학교라는 변두리에 서 있으면 주류 공교육보다 오히려 더 창의적일 수 있다고 본다. 이른바 변방에서 보면 세계가 달리 보인다. 폐교나 변방, 시골을 부정적인 시각으로 보지 않고, 오히려 거꾸로 변방이나 변두리를 새롭게 보는 광장이나 공간으로 보면 새로운 대안이 나온다. 마을에서 세계를 보는 것이다.[4)

대안학교에서 본 것은 '마을 공동체'이다. 창의성이란 변방에서 한순간에 점프하는 능력이다.

'유니버시티university'라는 말의 원래 의미는 우주와 학문의 보편성과는 아무런 관련이 없다.[5) 오히려 마을 공동체나 도시협동조합단체로서의 유니버시티였다. 놀랍게도 학생들의 조합이 대학으로 발전되었다. 그러나 필자가 체험하는 현재의 모든 대학들은 서로가 비슷한 학과들을 백화점식으로 설치하고 있다.

대안학교인 산자연학교는 생태 특성화학교를 지향하듯이 지역대학도 제대로 발전하기 위해서는 양보다는 질적인 세분화로 대학 특성화로 나아가야 한다고 본다.[6)

천태종에 소속되어있는 금강대학, 성공회대학, 예수회 소속의 서강대학은 그 종교가 가지고 있는 영성을 특화하여 한국 사회의 담론을 생산하는 소수 정예 대학이라고 볼 수 있다. 고등교육의 혁신을 기획할 때 소수 정예 학부 교육에 주목해야 하는 이유이다. 영화를 특성화한 단국대학도 그 한 예이다.

그 후 2007년 이러한 생태 특성화교육을 지속가능하고 일관성있게 키우기 위해서는 새로운 형태의 대안학교가 필요하다고 느끼게 되어 오산자연학교를 '초중고 비인가 통합학교 산자연학교'로 업그레이드 하였다.[7] 돌이켜 보면 70명의 다양한 아이들이 서로 연동하여 시골의 한 폐교를 리모델링하여 함께 지낸다는 것은 모험이며 도전이었다. 교과과정도 아주 자유롭게 통합하였고 반드시 교육은 마을현장과 연결한 학교와 지역을 연계하였으며 '지역기반을 둔 현장학습'[8] 이었다.

제레미 리피킨은 이렇게 말한다. "학생을 외부세계와 분리하여 12년 혹은 16년 동안 밀폐된 인공적 환경 안에 가둬놓는 오늘날의 교육과는 반대로, 엔트로피 시대의 교육은 일상에서의 경험을 중시하는 방향으로 옮겨 갈 것이다."[9]

산자연학교 비인가대안학교는 정부나 외부의 지원 없이 경제적으로 '자립'하였다. 정부로부터 지원이나 보조금을 받는 것이 무조건 좋은 것만은 아니기 때문이다. 지원금을 받게 되면 대학의 생성력과 지속가능성이 떨어질 수 있기 때문이다. 그래서 재정자립이 아주 중요하다고 본다. 교육부로부터 대학이 보조금을 받으면 받을수록 스스로 목을 죄는 결과로 나타나는 현상을 지금 우리는 느끼고 있다. 지원을 받지 않고 학생 수를 감축하지 않는 덕성여대의 경우를 눈여겨봐야 한다. 재정지원과 연계한 정부의 대학종합평가와 대학별, 학과별 서열화를 위한 민간 언론사의 대학평가는 '신자유주의의 경쟁주의'를 확고히 하는 중요한 기제가 아닐 수 없다.[10)

프란치스코 교황도 그의 권고 '복음의 기쁨'에서 경쟁에 대해서 말한다.

"오늘날 모든 것이 경쟁의 논리와 약육강식의 법칙 아래 놓이면서 힘이 없는 이는 힘센 자에게 먹히고 있습니다. 그 결과 수많은 사람이 배척되고 소외되고 있습니다. 그들에게는 일자리도, 희망도, 현실을 벗어날 방법도 없습니다."(53항)

수도권에 있는 대학들은 민간 언론 자체의 평가나 대학별 줄을 세우고 서열화를 거부하는 운동을 할 수 있지만 지방 대학들은 재정지원을 받기 위해 혹은 재정절감을 위해 어쩔 수 없이 인위적으로 특성화라는 깃발 아래 학과나 단과대학을 통폐합하다보니 지방대학들은 침묵 속에서 눈물을 흘리고 있다.[11)

산자연학교가 들어선 영천시 화남과 화북면은 그 나름대로 지역경제가 활성화되고 있었다. 동네의 빈집이 리필되고 지역의 농산물이 학교급식의 자재로 활용되었으며 교사와 학부모들이 학교 근처 마을로 주소를 이전하면서 작은 대안학교가 지역의 시장을 활성화하게 된 것이다. 그런 경험에서 지역대학들도 지역사회를 이끌어가는 선도대학이 되는 전략을 짜면 가능성이 있다. 모든 대학이 자신이 할 수 있는 범위에서 '지역자본주의'[12]를 선도하는 대학이 되어야 하는 것이다. 그러면서 다양성이 추구되는 것이다. 그러나 한국 대학의 사업이나 계획도 거의 비슷하다. 대학의 특성화 사업도 학과가 살아남기 위한 방편이지 그 대학의 정체성의 차이와 관계없이 벌어지는 경우가 허다하다.

대학은 거창하고 거대한 담론보다는 자신에게 맞는 '선택과 집중'을 통해서 '작은 시장'을 개척해 나가야 한다. 그런 측면에서 필자는 늘 첫 수업을 하양공설시장에서 하는데 그 이유가 바로 여기에 있다. 그 시장에서는 그 대학이 '탑'이 되어야 한다. 이것이 '지역기반 현장배움'이다. 시골의 대안학교가 마을을 구한다면 지역의 대학은 그 지역 네트워크의 축이 되어 이제는 대학이 지역 그리고 지자체가 서로 협업하여 '사회적경제'를 구축할 수 있도록 '지역 커뮤니티'를 선도하는 역할을 해야 할 때이다.[13]

'경제는 지역으로 의식은 세계로'[14]라는 슬로건에 기초한 생태 시대를 위해 새로운 지역 커뮤니티의 기초를 만들어 배척과 불평등의 경제에서 사회적경제를 대학이 앞장서야 할 때이다. 제레미 리프킨은 사회적 기업가 정신에서 이렇게 말한다. "사회적 기업가들이 세계 각지의 대학에서 쏟아져 나오며 영리와 비영리를 이어주는 새로운 사업을 창조하고 있다. 이러한 하이브리드 사업은 앞으로 더 일반적인 현상이 될 것이다. 탐스(TOMS)라고 들어 본 적이 있는가? 영리사업에 비영리요소를 결합하여 만드는 회사이다." 15)

2013년 산자연대안학교는 '산자연중학교'로 인가를 받게 되었다. 비인가와 인가의 차이점은 대안적 이탈과 자유, 제도 내에서의 혁신 실험의 공존이다. 인가는 다른 또 하나의 제도권의 프레임이 있다고 보면 된다. 비인가학교는 '시간 밖'에 존재할 수 있지만 인가학교는 '시간 안'에 머물러 있어야 한다. 교육의 시간은 참으로 비효율적이다. 아이들의 잠재적 발달과 성장은 수업시수와 맞지 않는다. 오산자연학교의 설립과 산자연학교 인가에 이르기까지 10년 동안 많은 학생과 부모님을 만나면서 인내와 사랑의 시수가 더 중요함을 깨달았다. 16) 프란치스코 교황은 현대 세계의 복음 선포에 관한 교황 권고 '복음의 기쁨'에서 시간은 공간보다 위대하다고 말씀하신다.(222-223항)

도시를 떠난 마을의 아이들! 처음에 이 마을에는 아이가 한 명도 없었다. 그러나 생태 - 진화 중심의 대안학교로 인해서 다시 마을로 돌아온 아이들을 보면, 큰 축에서 농촌자연을 떠나 산업사회의 역군으로 고향을 등진 사람들이 다시 농촌으로 귀촌하는 '새로운 생태 트렌드'가 형성되고 있다고 볼 수 있다.

2. 대학이란 무엇인가?

　대안학교 산자연학교 이후에 2014년 봄학기부터 대학에서 일하게 되었다. 일반 대학이지만 가톨릭 대학에서 특히 신입생 새내기들의 '인성교육'을 담당하게 되었고 '자율전공학부'를 맡게 되었다. 대안학교와 대학은 전혀 다른 스테이지이다. 처음으로 대학 교육현장과 혁혁대는 대학생들의 삶을 체험하고 다른 시선으로 대학의 기업화를 지켜보면서 도대체 대학이란 무엇인가 하고 물음을 던지게 되었다. 2000년 리버럴한 지성의 새로운 발견으로 대안학교를 준비하였던 그 시대보다 혹은 필자가 가톨릭 신학대학을 다녔던 70년대와 80년대보다 2014년 대학은 기업식 구조조정과 신자유주의의 정치경제론으로 자본에 함몰되어 있어 보인다. 대학이 취업을 위해 이력서 한 줄을 메꿀 수 있는 곳으로 전락하고 토플과 토익 그리고 공무원 시험에 학생들이 매달려 캠퍼스가 삭막하게 느껴지는 정도였다. 이미 전공과 취업이 무너진 우리 대학생들을 두고 '삼포세대'와 '사포세대' 심지어 '낙타세대'라는 별명을 갖다 붙인다. 대학의 이런 상황에서 초·중·고교생들은 대입을 목표로 공부할 수밖에 없고, 좀 더 이름난 대학에 들어가기 위해 암기식 교육과 선행학습이 주를 이룰 수밖에 없는 것이 교육현실이라는 것이다. 대학이라고 낫지 않다. 한 학기를 체험한 필자가 본 대학생들은 다시 취업을 목표로, 전공 공부보다는 취업에 유리한 영어와 자격증 시험에 치중하는 교육현실에서는 창의적인 사고를 갖춘 인재를 배출하기 어렵다고 본다.

더 중요한 질문은 필자는 여기에서 무엇을 하는가이다.

함께 배우는 협동관계의 공동체가 불가능해 보이는 대학현실에서 내가 여기에서 존재하는 이유가 무엇인가에 대한 성찰적 물음이다. 학기말마다 교수들은 절대평가가 아닌 상대평가로 인한 시험문제를 작성하는데 평가의 비율을 두고 고민하는 모습이 역력하였다. 대학기업의 입장에서 교수는 생산 관리적 일꾼이고, 학생은 교육의 소비자이니 당연히 교수는 학생들로부터 '평가(Assessment)'를 받아야만 한다.[17] 교육의 내용도 품질관리의 대상으로 전락되었으니 진리와 정의, 자유와 공동체는 폐기처분되는 현실이다. 이것이 바로 '대학의 몰락'이다.[18] '유엔 미래 보고서 2040'의 예언대로 대학의 추락과 교육의 대변혁은 결국 인터넷이 미래대학을 대신할지도 모를 일이다.

경쟁과 시험에 내몰리는 초중등교육의 혁신을 모색하면서 대안학교에 투신하였던 필자가 이제는 대학교육과 혁신 그리고 교육개혁을 묻지 않을 수가 없다. 지하철에서 대학을 선전하는 광고가 나부끼고 심지어 야구장 안 광고에 대학선전이 나온다. 대학이 무엇인가? 대학들을 알리고 보여주지 않으면 아무도 모른다는 불안감에 사로잡혀 있다. 이제 대학은 판매 가치가 있는 상품을 만들어낼뿐 아니라 브랜드 경쟁을 하고 국책사업을 땄다는 대문짝만한 홍보와 취업률로 대학끼리 경쟁을 한다. 이것은 스스로 대학이기를 포기하는 것은 아닌가? 대학은 우울하다. 그 이유는 경쟁과 효율성이나 순위 매김으로 대학이 돌진하기 때문이다.

필자가 한 학기를 마치고 학생들의 시험점수를 평가하면서 놀란 것은 절대평가가 아니라 상대평가이기 때문이었다. 학생들이 시험점수 결과를 보고 왜 내 점수가 그것밖에 되지 않느냐고 따지는 것이었다. 학생들은 1점에도 아주 민감하게 반응하였다. 2008년부터 절대평가에서 상대평가로의 전환을 불러온 학부제는 신자유주의 경쟁체제의 단면을 그대로 보여 준다.[19] 인성교육이 참으로 중요하다고 말하면서 자기 파괴적인 과잉경쟁교육이 있는 한 학교폭력과 자살은 예방하기 어렵고 인성교육은 공염불이 되기 십상이다.[20] 대학에서 교수들이 하는 특별활동 즉 단과회의, 학과회의,

연수참가, 학생MT 참여, 봉사활동, 논문 편수, 교목 봉사자의 역할 등에 점수를 매기는 현실이니 과연 학생들에게 인성을 말할 수 있느냐 하는 것이다.

　수도권 소속이 아닌 지방 사립대학은 재정문제가 더 심각하다. 재정수입의 대부분을 학생 등록금에 의존하는 상황에서 정원감축도 재정난을 증폭시키기 때문이다. 지방 사립대는 이중삼중으로 위기의식을 느끼지 않을 수 없다. 출산율 저하문제로 인한 학생 인원 감소, 재정압박, 구조조정에 따른 학과 통폐합, 비정규 교수들의 불안 등 그나마 학부교육 선진화 선도대학을 육성하는 이른바 4대 재정지원사업(특성화사업, LINC사업, ACE사업, BK 21+사업)이 대학들의 숨통을 터주고 있지만 연구분야 투자규모와 비교하면 턱없이 부족하다는 지적이다.[21]

　이 4대 지원 사업의 목표는 구조조정과 정원감축이다. ACE사업의 지속 여부도 불투명하다. 이번에 ACE사업 재진입 대학은 70% 정도 지원했는데 약 16억 정도 되며 BK21사업비의 8분의 1도 안 되는 규모다.[22] 재정적인 어려움도 우리나라 대학교육의 질적 하락을 부추기는 요소다. 반값 등록금으로 대학들은 수년째 등록금을 동결 또는 인하하고 있는 상황에서 정부의 재정지원은 대부분 연구분야에 집중되고 있다.

이렇게 나간다면 대학은 학과 중심보다는 프로젝트 중심으로 발전될 가능성이 높다고 볼 수 있다. 대학마다 갖가지 사업명목으로 돈이 쏟아져 나오다 보니 행사비와 식사비가 중복되며 과다 지출된다. 말하자면 돈이 줄줄 샌다는 것이다. 프로젝트의 필요성에서 예산이 잡히지 않고 책정된 돈을 집행해야 하고 또 돈의 액수에 일을 맞추다 보니 돈을 쓰지 않을 수 없는 구조가 되어 결국 인간의 창의력과 주체적으로 살아가는데 필요한 자유와 상상력을 마비시켜 버린다.

중앙일보가 매년 대학교 순위를 매겨 발표하는 대학평가에 대해 서울대, 고려대, 연세대 등의 대학생들이 공식 거부운동에 나섰다. 대학평가가 '학문의 전당'인 대학의 본질을 훼손하고 서열화를 조장하며, 언론사가 내세운 평가지표에 따라 대학들의 정책이 바뀌는 등 부작용이 크다는 주장이다.

『21세기의 자본』의 저자 토마 피케티 교수의 제안을 깊이 경청할 필요가 있다. 토마 피케티 교수는 소수 엘리트 교육이 아닌 포용적인 교육투자가 강력한 사회적 불평등 해소방안이라고 강조하였다. 정부가 무상교육을 고교 뿐 아니라 대학으로까지 확대하는 게 바람직할 것이라고 주장하였다.[23]

필자는 짧은 경험에서 대학이 어느 방향으로 나아가야 할지에 대해 대안을 찾기 위한 시도를 하고 있다. "신격화된" 시장의 이익과 자본의 신神에 거리를 두면서 공동체와 공공선으로서의 대학을 다시 생각해 보고자 한다.[24] 대학은 그렇다하더라도 이러한 시대적 흐름 속에서 교양과목의 재구축이나 인문학의 귀환을 넘어 가톨릭 대학의 정체성은 무엇인가를 고민하지 않을 수 없다.[25] 물론 학교성당도 있지만 우리 대학은 철학이나 신학, 비교종교학이 실종된 지 오래이다.[26] 신학이나 종교적 가치가 어떻게 다양한 학문을 연결시키고, 어떻게 한 학문이 전체적인 가치에 통합되고 연계가 되는지에 대한 관심이 없다. 우리에게 대학이란 무엇인가이다.[27] 우리 사회에서 책임져야 할 대학의 역할이라는 차원에서는 종교와 문화를 넘어선 물음이기 때문이다.

3. 대학의 첫 번째 죽음

대학의 위기가 쓰나미처럼 몰려오고 있다고 해도 과언이 아니다.[28] '유엔 미래 보고서 2040'에 따르면 교육 혁명이 온다고 예측한다.[29] 명문대학의 절반은 소멸이 되고, 그 존재가치는 희미해진다. 심지어 2030년에는 전 세계 대학의 절반이 사라질 것이란 전망도 나온다. 대학이 사라지면 공교육도 교실도 교사도 무용지물이 될 것이 뻔하다. 대학의 온라인 무료 과정이 보편화되면 결과적으로 교수는 실업자가 될 것이라고 내다보고 있다. 미래를 구태여 예측하지 않아도 대학의 구조조정이 이미 시작되었다. 놀랍게도 메가트렌트 10가지 중에 그 한 가지가 '온라인 공개수업이 가져오는'[30] 교육의 천지개벽이다. 대학 교육이 아주 빠르게 무료화되고 있다. 교육의 블랙홀이 생기기 시작하고 있다. 미래교사는 더 이상 학생들에게 지식을 가르치는 존재가 아니다. 교사의 역할은 정보와 지식의 전달자에서 교육포털 등에 공개된 정보를 바탕으로 학습을 돕는 조력사가 된다. 과거에는 명문대학에 가야만 들을 수 있었던 유명한 교수의 정보와 강의를 언제 어디서든 제약 없이 들을 수 있는 시대가 오고 있다. MOOC[31] 온라인 공개수업(Massive Open Online Course)과 오픈코스웨어(Open Course Ware, 온라인공개강좌)는 대학 수업 형태의 변화를 살펴볼 수 있는 대표적인 예다. 이미 세계 유수 대학의 좋은 강의를 아이튠스 유(iTunes U)라는 형식으로 연결하여 아이패드와 같은 대형 휴대단말기로 제공하고 있다. TED에서도 유용한 강의를 매일 검색할 수 있게 되어 있다. 실제로 필자는 수업시간에 휴대폰으로 수업 콘텐츠를 검색하기도 한다. 시험을 칠 때에도 인터넷 검색을 하라고 일러주기도 한다. 사이버대학도 이미 가동되고 있다. 미국 MIT에서 시작된 온라인공개강좌는 2001년 50개로 시작해 2012년 2100여 개 강좌가 등록됐으며, 10년 동안 1억3300만 명이 사이트에 접속했다.

국내 대학에서 무크를 수업에 활용하는 것이 아닌 직접 강의를 올리고 과목을 운영하는 대학은 서울대가 처음이다.[32] 서울대가 무크 업체인 에드엑스와 계약했고 곧이어 KAIST도 코세라와 계약했다. 뒤이어 뛰어든 연세대는 9월부터 무크 전담 TF팀을 꾸렸다. 퓨처런과 코세라 두 업체와 모두 계약을 맺었다. 국내 지방대학들도 우후죽순격으로 무크 서비스 플랫홈을 개발하고 외국 무크(퓨처런, 코세라, 유디시티 등)와 접속하지만 온라인 교육과 오프라인을 선택하기에 앞서 대학의 교육철학과 교육의 목표를 깊이 숙고해 봐야 한다. 국내 무크든지 국외 무크든지 간에 인성교육과 현장교육 그리고 자연의 주기나 리듬을 존중하는 배움은 온라인 상에서는 이루어질 수 없다.

현재 도쿄대 대학원 사회정보연구소 교수인 요시미 순야는 그의 저서 『대학이란 무엇인가』에서 대학의 탄생과 죽음 그리고 재탄생을 세계사적 문맥에서 진단하였다. 요시미 순야 교수는 대학이 지금까지 적어도 두 번의 탄생과 한 번의 죽음을 겪었다고 말하면서 지금 우리가 겪고 있는 대학의 위기도 어느 정도는 16세기와 닮아 있다고 진단하고 있다.[33] 12세기와 13세기 중세에 중세 도시의 자유로운 지성의 네트워크로 시작된 대학들(최초 특히 북이탈리아 볼로냐)은 결국 새로운 미디어 인쇄혁명과 종교개혁과 아울러

도시국가의 쇠퇴와 국민국가를 기반으로 한 근대적 대학의 모델의 등장으로 대학의 탄생과 죽음 그리고 재탄생과 이식-증식을 요시미 교수는 세계사적 문맥으로 파악하였다. 대학은 지금까지 적어도 두 번의 탄생과 한 번의 죽음을 겪었다.[34]

    역사적으로 우리나라 대학은 미국 대학이 앞서 걸었던 자본주의화를 무의식적으로 따를 수밖에 없었던 것으로 일본의 경성제국대학과 미국식 주립 대학을 수동적으로 따라가는 형태로 발전되어 왔다. 『대학의 몰락』을 저술한 시카고대학 신학부 교수인 서보명은 "최근 자율을 내세우면서도 주장하는 내용들을 보면 기업형 모델을 한국의 대학에 정착시키고자 하는 의지를 볼 수 있다. 대학들이 정부 보조금을 두고 벌이는 경쟁, 보여 주기 지표, 학과와 학교의 랭킹 경쟁, 글로벌 경쟁력의 담론, 기업 친화를 강조하는 것 등을 보면 자율이 아니다"며[35] 서구 자본주의 대학을 수용하는 타율의 역사가 계속되고 있다고 판단하고 있다.

    교육부가 최근까지도 한국 대학의 행정과 제도를 통제해 왔음을 여실히 보여주는 실례가 있다.

    어느 대학의 한 행정직원은 "취업률은 곧 지표다. 그 지표를 만드는 것부터가 일이다. 총장까지 보고가 되는 것이다 보니 취업률과 함께 다른 지표들도 같이 보고하게 된다. 입력하는 일도 힘들고 지표 작성하는 일도 힘들다. 매년 4월 고등교육기관 기초통계를 집계할 때면 집에 못갈 때가 허다하다. 주말과 연휴에도 나와서 일한다. 교무지원팀 여직원은 과로로 병원에 입원까지 했다"며 '교육'에 신경쓰기 어려운 대학의 현실을 설명했다.[36] 교육부가 취업률과 학생충원율 등 획일적인 '성과지표' 때문에 대학본연의 업무가 마비될 지경이다. 결국은 실용학과는 치솟아 오르고 문사철 즉 기초학과는 몰락하는 양극화의 심화 때문에 고등교육에 투자할 여력이 없는 것이다. 대학에는 졸업자가 넘치고 기업은 인재가 없다고 아우성이니 참 아이러니하다.

2012년 스위스 국제경영개발원(IMD)에 따르면 우리 대학들의 국제경제사회 요구 부합도는 58개국 중 46위에 불과했다. 기업들은 우리나라 대학 졸업생들의 기본적인 업무능력은 물론이고 인성과 도덕성, 창의성, 의사소통 능력, 리더십 등 불만이 많았다.[37] UN도 고등교육의 기본가치로 인성교육을 내걸었다. 유엔 산하기구인 유네스코는 21세기 고등교육에 대해 "오늘날 고등교육은 거대한 도전에 직면했으며 급격한 변화와 혁신을 실행해야만 한다. 근본적 가치들이 도전받고 있는 우리 사회가 단지 경제적인 이익에만 관심을 갖는데서 벗어나 근원적 차원의 도덕성을 회복하도록 대학이 이끌어야 한다"고 천명했다.[38]

요시미 교수가 지적한 대로 우리 대학은 마치 스키점프처럼 인류사에서 분기점이라고 믿고 있는 시기에 살고 있다. 서보명 교수가 진단하였다시피 지금 우리 대학의 내부는 도로의 분기점에 서 있다. 우리는 기존의 경로로 계속 갈 수도 있고, 아니면 우리의 대학이 불공정하고 불안정하며 지속불가능하다고 지적하며 새로운 길을 모색할 수도 있다. 이제 우리들이 결정해야 할 시간이다. 대학마다 인성교육이 중요하고 판단하여 기초교양에서부터 인문학에 이르기까지 그리고 기숙사 정책과 지역사회 프로그램에서도 갖가지 프로젝트를 시도하고 있다. 무엇보다도 '구조 전환'으로 방향을 전환해야 한다고 본다. 우리 사회가 요람에서 무덤에까지 경쟁모드를 장치해 두면서 무한정한 탐욕을 부추기는 불평등의 승자독식의 사회구조를 변혁하지 않는다면 대학교육의 혁신은 물거품이 되고 만다. 진행방향을 근본적으로 뜯어 고치는 것이다.

4. 대학의 두 번째 탄생

요시미 순야 교수의 진단대로 대학의 두 번째 탄생도 첫 번째 죽음과 유비적 관계가 있다고 서술한다. 이를테면 글로벌 초국가나 다국적 기업의 등장으로 '국민국가의 퇴조'가 결국 대학의 두 번째 몰락을 재촉하고 있다고 본다. 중세의 대학이 몰락하고 19세기에 다시 대학이 탄생할 수 있게 된 것도 발흥하는 기초적인 인프라인 국민국가의 강력한 후원을 등에 업었기 때문이라고 말한다.[39] 중세도시 네트워크의 힘으로 중세대학이 발전해 왔고 근대에는 국민국가의 근본적인 기반으로 대학과 대학원의 아카데미가 융성해 왔다. 당장 갑자기 국민국가가 무너지는 것은 아니지만 확실히 국민국가보다 '글로벌한 자본주의 등장'으로 새로운 블록이 형성되고 있는 것이 보인다.[40] 그리고 또 한 가지는 새로운 미디어 즉 디지털이다.

중세에서 근대로 나아가던 그 시대에 '구텐베르크의 새로운 인쇄술'이 폭발적으로 보급되면서 대학이 쇠퇴하였다. 그러나 지금은 마찬가지로 '디지털 기술'의 폭발 속에서 전지구가 지식을 실시간으로 공유하고 있다.[41] 16세기 인쇄혁명과 같은 위키디피아로 대표되는 '집단지성'이 새로운 커뮤니케이션 구조를 만들어 내면서 지금 대학은 새로운 미디어 상황 속에서 위기에 직면하고 있다. 인터넷이 세계적으로 보급되면서 '기관 공장형 대학'은 서서히 소멸되고 있다. 이제 구글이나 애플, 페이스 북과 같은 디지털화된 지식기반 위에서 전혀 새로운 혁신적인 플랫폼이나 아카이브 대학이 등장할 수 있을 것인가?[42]

이를테면 실제로 이 위기는 강의실에서 벌어지고 있다. 학생들은 휴대전화나 이메일을 이용해 수시로 정보를 교환하고 있고, 리포트나 논문마저도 웹사이트에서 카피하고 솜씨 있게 편집하여 제출하고 있다. 그러다 보니 아주 비슷한 리포트가 등장한다. 책을 사기 위해 서점에도 가지 않고 도서관에 가는 일이 점점 줄어든다. 모든 것이 인터넷으로 통하고 강의나 교실이나 책은 이차적인 역할을 할 뿐이다. 이제 정보의 축적이나 유통도 도서관이 아니라 인터넷상의 데이터베이스나 아카이브로 이동하고 있다. 이제 지식을 얻을 수 있는 곳은 대학이나 대학교수가 아니다. 특히 강의실 현장에서 경험하게 되는 것은 학생들이 글쓰기보다는 말 즉 스토리텔링에 더 치중하고, 교수 역시 판서나 기록보다는 동영상 보여주기나 프렌지를 통한 PPT 작업이나 프레젠테이션 준비에 여념이 없어 보인다. 한 학기를 끝난 후에 강의실을 나오면서 생각한 것은 이제 더 이상은 학생이 교수가 알려 주는 내용을 흡수하는 것도 아니고, 교수가 학생에게 지식을 전해 주고 학생이 그것을 잘 기억해서 개별적으로 평가하는 '수직적 수업'은 더 이상 먹히지 않는다는 사실이다.

필자가 몸담고 있는 가톨릭 대학도 갖가지 특성화 프로그램과 학과 통폐합에 따른 구조조정, 취업률, 성과급 연봉제,

대학의 기업 친화적인 산학협동, 대학이 스스로 상품화해서 시장에 내어 팔아야 하는 상황, 학생들이 소비자로서의 권리를 불평하는 메일을 받아야 하는 상황 등으로 큰 진통을 겪고 있다. 한마디로 대학이 바람 잘 날이 없다.

　더 큰 문제는 대학자율화 정책을 뒤엎은 강력한 정부개입이다. 지난 2011년 8월 첫 재정지원제한대학 명단이 발표된 뒤 매년 8월은 대학가에 '심판의 날'로 인식됐다. 수시 입시를 앞둔 수험생과 학부모의 결정을 돕는다는 차원에서 교육부가 매년 8월 말경 재정지원제한대학 지정 명단을 공개했기 때문이다. 대학의 명운이 걸린 입시철에 정부가 나서서 부실대학을 지정한 것이다. 올해도 여지없이 2015년도 정부 재정지원 제한대학 19개교 명단을 발표했다.[43]

　그 사이 취업률을 내세워 강행됐던 학과통·폐합으로 인한 갈등의 골은 깊어졌다. 취업률과 재학생 충원율 등 주요지표를 위해 희생당한 학생들은 대학과 교육부에 분노하고 있다. 지정을 피하기 위해 대학들은 인문·사회계열과 예술계열 등 일부 학과를 집중적으로 폐과시켰기 때문이다. 지난 학기에 모 대학 본부에 학생들이 난입하는 사태가 일어난 이유도 바로 그것이다. 최근에 어느 대학에서 근무하는 교직원들이 파업을 벌이는 사태까지 벌어진 이유는 구조조정 때문이었다.

요시미 교수는 국민국가의 퇴조 속에 새로운 미디어의 등장으로 대학의 위기는 지진의 여진처럼 오고 또 기업화된 테마파크 경영체로 대학이 변모되겠지만 "그래도 대학은 필요하다"고 말한다.[44] 희소성이 사라진 대학생, 심화된 학벌과 서열체제 속에서도 대학은 졸업장과 학위를 주면서 존속할 것이다. '탈탄소화 후 시대(post-carbon era)'에 새로운 패러다임을 추구하는[45] 사회공공적 대안대학교육체제가 가능한가? 그리고 경쟁과 학벌, 불평등의 심화속에 국민적 프로젝트로서의 대학체제 개편은 가능한가?[46] 2008년의 금융붕괴와 기후변화 '티핑 포인트'[47]를 눈앞에 두고선 도대체 대학의 역할이 무엇이었던가? 16세기에 대학이 사망하였던 것처럼 오늘날 대학의 위기를 분석한 빌 레딩스가 그의 저서『폐허 속의 대학』에서 이미 대학을 그 역사적 역할이 끝난 교육 기관이고, 지금은 황량한 폐허 속에 머무르고 있을 뿐이라고 진단하였는데 대학이 스스로 혁신하지 않으면 외부의 쓰나미에 의해 또 다시 죽음을 맞이하게 될 것인가?[48] 실제로 21세기 3차 산업혁명 시대인 현재 국민국가와 화석에너지는 쇠퇴과정에 있고 우리는 역시 이러한 분산과 협업, 공감을 기반으로 하는 3차 산업혁명의 역사적 문명사적 대 전환기에 대학을 어떻게 정의할 것인가.

　지금까지 우리는 현재 대학이 처한 위기의 본질에 대해서
나름대로 지적해 보았다. 이것은 어디까지나 나의 관점과
경험에서 대학문제를 다루었다. 그런 의미에서 산자연학교
설립과 그 콘텐츠를 그 실례를 들었다. 물론 대학과 대안학
교는 근본적으로 다르다. 산자연학교는 현 초중고 교육내용
을 혁신하여 인간적이고 생태적인 교육체제가 되도록 하였
지만 대학과 중고등교육의 입시체제가 맞물려 있기 때문에
대학체제를 먼저 생태공공적 성격으로 전환할 때만이 순차
적으로 혹은 병렬적으로 초중등교육의 대안적 길을 모색할
수 있기 때문이다. 적지 않은 대안학교들이 결국은 처음에
는 적대적인 경쟁과 내면성의 파괴를 해결하기 위한 패러
다임의 전환의 필요성에서 시작했다가 현재의 대학체제를
넘어서지 못하고 또 하나의 학교로 전락하는 모습을 지켜
보았다.

　이 시점에서 토마스 베리가 제시하는 새로운 우주론을 통
해 대학이 걸어온 길을 살펴보면서 대학 미래상의 '녹화'를
통해 새로운 대안대학을 디자인해 보려 한다. 아인슈타인은
문제를 해결하기 위해서는 같은 수준의 생각으로는 그 문제
를 해결할 수 없다고 말한 적이 있다. 우리가 처한 문제를 해

결하기 위해서는 새로운 이야기와 더 큰 깨달음이 필요한 시대이다. 단순히 대학의 위기나 몰락을 구조조정의 문제, 인문학의 문제, 디지털의 문제, 신자유주의의 문제, 학과의 통폐합의 문제 등 외부적이고 제도적인 문제로만 해결할 수 있을까? 진짜 위기는 내부에서 온다. 방만한 조직과 불투명한 재정관리, 변화에 대한 둔감이야말로 우선 바로잡아야할 '내부의 적폐' 라는 주장이다.

"코페르니쿠스적 대변혁이 우리 자신과 자연의 본질에 대한 그릇된 인식으로부터 우리를 해방시켜 과학과 산업을 제대로 안내했듯이, 정신과 물질의 통합한 생태 혁명이 생태 시대의 문을 열어 줄 것이며"[49] 이 생태 시대를 진입하기 위한 대학의 역할은 무엇이며 생태 시대의 대학의 재구성을 위한 작업이 참으로 요청된다. 이 작업이야말로 우리가 미처 상상하지 못한 사회적, 정신적 발전 기회를 제공할 것이며 금융시장의 신神과 돈에 우리가 양도했던 힘을 되찾을 수 있을 것이다. 이것이 이상적일 수 있지만 우리가 하기에 달렸다고 본다.

암호화 : 유전 부호와 문화 부호

우선 토마스 베리 신부의 저서 『지구의 꿈』과 『위대한 과업』에서 교육과 대학에서의 교육에 대한 그의 생각을 정리해 보고자 한다.[50] 베리는 교육을 더 명확히 설명하기 위해서 두 가지 암호화 즉 '유전 부호와 문화 부호'라는 콘셉트를 우리에게 제시한다.[51] 베리는 문화 부호와 유전 부호의 관계는 우리의 언어 사용에서 잘 드러나고 문화 부호는 언어와 삶의 초기에 배우는 기호들을 통해 전달되고 표현된다고 본다.[52]

유전 부호가 인간이 생물학적으로 타고난 복합체라고 말한다면 문화 부호는 다른 생물은 출생 후 조금만 지나도 유전 부호가 지시하는 대로 움직이지만 인간은 자유와 상상력을 통해서 시간과 공간 안에서 자신의 정체성을 찾으면서 세대에서 세대로 문화 전통을 전달하는 특별한 교육 과정이 유전 부호와는 다른 문화 부호이다.[53]

토마스 베리는 인간이 진화하는 과정에서 문화 부호는 5가지 단계로 확인한다고 설명한다. 구석기 시대, 신석기 시대, 고전 문명 시대, 과학기술시대 그리고 현재 출현하고 있는 생태 시대 단계이다.[54] 구석기 시대는 적어도 인간이 자신의 가진 유전 부호를 가지고 살면서 문화 부호가 서서히 형성된 시기였다고 볼 수 있다. 신석기 시대는 유전 부호와 문화 부호가 불일치되지 않고 나름대로 균형을 잡은 시기였다면 고전문명시대부터 문화 부호와 유전 부호가 갈등을 빚기 시작하면서 붕괴의 조짐이 보이기 시작하였고, 지금의 과학 기술 시대는 문화 부호가 유전 부호를 거슬러 고의적으로 대립되고 오히려 인간이 선천적으로 타고난 유전 경향성을 체계적으로 파괴하기 때문에 인류는 비극적 종말을 맞이할 수밖에 없다고 베리는 말한다.[55] 실제로 이 위기는 식량위기, 에너지 위기, 기후위기, 생물 다양성의 상실 등으로 우리가 매일 매일 보고 있는 실정이다.[56] 이 위기와 비극적 상황을 벗어나거나 심지어 유예하기 위해서도 인간 안에 내재된 유전 부호와 우주 부호가 새롭게 접촉해야 할 과제가 시급하다고 베리는 주장한다. 이것이 오늘날 우리가 해야 할 위대한 과업 즉 생태대의 문명이다. 베리는 이 문명을 다시 세우는 것이 얼마나 어려운 일이며 충격적인 고통인지를 말하면서 지금까지 역사의 과정 중에서 인류가 처음으로 하나가 되어 이 우주를 기계적이고 또 환원적이고 물질적인 세계로부터 유기적이고 기능적인 유전 부호로 통합시키는 일이 가장 어려운 도전이며 과업이라고 설명한다.[57]

생태대의 문명을 이루기 위해서 교육의 첫째 과제는 인간의 문화 부호와 유전 부호, 더 나아가 우주의 유전 부호와 일치를 시키는 일이다. 그러나 지금의 우리 대학은 자연계와 인문계가 분리되어 있고 종교적 인본주의적 교육과 현대의 과학기술적 교육과정이 각각의 길로 가고 있다. 인문과학, 사회과학, 자연과학이 생태위기에 공동으로 대처하지 못하고 있으며 이 세 가지를 통합시키는 어떤 패러다임이 나타나지 않았고 아무리 이리저리 통합을 하여도 효과적인 교육이 이루어지지 않고 있다고 진단한다.[58] 그래서 베리는 생태대 문명을 실현시키기 위해 전 인류적인 재교육이 필요하다고 강조한다. 베리에게 있어서 교육은 '우주 이야기'를 배우는 것이다.[59] 이 스토리는 우주가 어떻게 시작되었으며, 이 이야기 속에 인간의 역할이 무엇인지 배우는 것이며 이 이야기가 인문과학과 자연과학 그리고 사회과학을 통합적으로 연결시킨다고 보고 있다. 토마스 베리는 모두 이야기의 문제라고 진단한다.

"우리가 좋은 이야기를 갖고 있지 않기 때문에 우리는 지금 곤란한 처지에 놓여 있다. 우리는 이야기들 사이에 있다. 세계가 어떻게 발생했으며 우리가 그 세계와 어떻게 조화를 이루어야 하는지 설명하는 오래된 이야기는 더 이상 효력이 없다. 그러나 우리는 아직 새로운 이야기를 배우지 못했다."[60]

그러나 결과적으로 우리 대학이나 토마스 베리가 비판한 미국 대학도 지구파멸을 초래하는 문화병리학의 전진기지가 될 수 있다. 현대 대학들은 학생들로 하여금 산업사회 안에서 생산적이고 효율적이고 구조조정의 과정에서 취업률이라는 지표에서 엑설런스excellence하게 교육시키는 것을 교육하는 곳, 즉 기술자 혹은 직업 양성소이다. 베리는 종교는 너무 경건하고 기업은 너무 약탈적이고 정부는 비겁하다고 비판하고 대학이야말로 인간에게 제시해야 할 지침과 로드맵의 마지막 터미널이며 리버럴 자유를 가져야 한다고 역설한다.[61]

이제 대학은 지구위기를 자초하는 방식으로 계속 훈련을 시킬 것인지 아니면 생태대 실현을 위해서 학생들을 교육할 것인지 결정해야 한다고 베리는 말한다. 베리는 대학은 '기능적 우주론의 진화 단계를 순서적으로' 교육함으로써 우주의 물리적인 차원뿐만 아니라 정신적 차원까지 인식될 수 있기에, 대학에서 우주 이야기를 가르쳐야 한다고 말한다.[62] 이 우주 이야기는 우리의 이야기이며 이 이야기를 통해 우리 자신을 이해할 수 있기 때문이다. 베리는 우주 이야기를 통한 인간-지구 관계에 대한 심층적 재교육이 필요하다고 했는데 그런 맥락에서 우리 대학의 현실은 우주 이야기와 너무 동떨어져 있다. 이 문제를 아주 심도 깊게 성찰해야 할 때이다. 이런 위기의 순간에 대학생의 기초 리터러시 literacy로써 '우주 이야기'를 가르칠 필요가 있다고 본다.[63]

왜냐하면 이 이야기는 과학에 있어서 자연의 질서로 인식될 수 있는 사실을 밝히기 때문이다. 그 인과관계는 "우주의 물리학에서부터 출발해서 천문학, 화학, 지리학, 생태학, 인류학, 사회학 그리고 다양한 인간 공동체가 관련된 모든 문명 활동과 학문을 통해서 얻어진 지식에 이른다. 이 분야들은 모두 고도로 전문화된 학문이지만, 이 학문이 전달하고 있는 지식은 과학자들이 우리에게 준 이해하기 쉬운 많은 설명에서 다양하고도 쉽게 얻을 수 있다."[64] 우주 이야기는 대학 밖으로 쫓겨났던 교양과목, 이른바 인문학이 당당하게 귀환할 수 있다.

우리가 판단 가능한 우주 이야기의 시간은 약 137억 년 정도이다.[65] 그러므로 우주는 인간에게 깊은 생각 끝에 자신을 드러내는 존재로 스스로 인식하며, 더할 수 없이 신비로운 존재로 보인다. 인간과 지구의 관계는 광범위한 우주의 역학관계 속으로 들어가는 전례나 의식에서 잘 드러난다. 인간이 성취한 음악과 춤, 예술과 건축, 시와 문학, 신비로운 체험과 종교적 예식을 통해서 인간은 전 우주적 질서라는 보다 큰 역학관계 속으로 들어간다. 이러한 맥락에서 과학과 인문학 사이에 뿌리 깊은 반감은 소멸될 수 있다. 교육 과정의 의미도 이런 우주 이야기를 통해 문화적, 역사적, 종교적 그리고 우주론적 맥락을 지닐 것이다. 이런 맥락에서 21세기 우리 대학은 거대한 우주 공동체에 합당하고 위대한 과업을 창조하는데 있어 맡아야 할 역할을 깊이 이해할 수 있고, 그것을 실현하는데 중심 역할을 할 수 있다.

6. 우주 생성의 3원리를 대학 인성교육의 유전 부호로

우리는 앞서 오늘날 인류가 처한 행성 지구의 위기는 결국 유전 부호와 문화 부호의 불일치임을 보았다. 따라서 우리의 과제는 지금까지 인간이 걸어온 역사적 시간과 문화적 공간 안에서 존재양식을 이 우주 생성의 원리인 유전 부호에 새로이 적응시켜야 할 필요성이 어느 때보다 절실하다. 우주적 유전 부호와 문화 부호의 연결은 교육이라고 본다.

대학 교육이야말로 이런 두 부호의 불일치를 바로 잡기 위한 것임에도 불구하고 오히려 베리는 현재의 교육과정은 지구 차원의 생태위기를 극복하는데 역부족이라고 진단한다. 지금의 한국대학은 유전 부호에서 문화 부호로 역주행하고 있는 듯하다.

제레미 리프킨은 더욱 명료하게 인류가 생태위기를 극복하고 하나의 종種으로서 생존하기 위해서는 시간과 공간에 대한 개념을 재고해야 한다고 언명한다.[66] 공간을 지하창고나 물건의 저장고 혹은 용기 창고가 아닌 지구의 생명을 존속시키는 네트워크 공동체로 봐야 한다는 것이다. 같은 맥락에서, '효율성' 만 강조할 것이 아니라 시간이라는 구조물의 '지속 가능성' 을 생각해야 한다는 이야기이다. 토마스 베리나 제레미 리프킨 역시 문화 부호인 경제적 우선순위는 '생산성' 이 아닌 '생성력' 에 놓아야 하며 시간 역시 생산 리듬만이 아니라 유전 부호인 자연의 재생 주기와 조화를 이루는 방법도 배워야 한다고 강조한다. 문화 부호에서부터 유전 부호의 리듬에 다시 연결시키는 것이 교육이다. 그래서 필자는 베리의 새로운 우주 이야기에서 우주 생성의 3원리를 인성 교육의 세 가지 기본 부호로 연결해 보았다. 왜냐하면 오늘날 우리 교육이 직면한 가장 큰 문제는 우주적 유전 부호에서 출발하지 않고 오직 인간중심주의적인 문화 부호에서 근거를 찾기 때문이다.

"생태 - 진화 중심의 대안교육" 은 가장 시급한 과제이다.[67] 이 과제를 해결하기 위해서는 문화 부호와 유전 부호(생태 - 진화)를 다시 연결하지 않으면 안 된다. 앞에서 우리가 보았듯이 현재의 상황이 너무나 심각하기 때문에 현재의 문화를 넘어 우리 본성에 유전적 토대로 돌아가야 한다.

베리의 우주 생성의 원리는 다음과 같이 진술된다.[68] 우주의 진화는 분화와 자기조직(내면성)과 친교에 의해서 특징지어진다. 분화, 자기조직, 친교는 최초의 질서이다. 만일 분화가 없다면 우주는 획일성으로 붕괴되었을 것이고, 자기

조직이 없다면 이 우주는 죽은 물질의 도구에 불과하였을 것이고, 만일 친교가 없었더라면 우주는 존재들의 고립과 소외로 붕괴되었을 것이다.[69) 베리는 현재 산업이 균일화, 단일화, 표준화, 획일화, 효율화, 생산성 등으로 이 세 가지 원리를 위반하고 있다고 비판한다. 교육 역시 획일화, 효율화, 표준화 과정에 기초한다는 것은 또한 유전 부호로부터의 탈선이다. 우리는 세 가지 우주 생성의 부호를 인성 교육의 부호로 확장하고자 한다.

1) 분화(differentiaion)

베리는 분화를 다양성, 복잡성, 변형성, 부동성, 다형성, 이질성, 명료성과 동의어로 이해하고 있다.[70) 두 개의 똑같은 은하는 없다. 단 하루도 같은 날이 없다. 어제의 여명과 오늘의 여명은 서로 다르다. 이 우주에서 존재한다는 것은 다르다. 눈송이나 빗방울도 다르다. 모든 존재는 새롭고 다르고 다른 모든 존재들과는 구별되었다. 자연은 획일화를 거부한다. 우리가 어떤 존재를 깊이 알면 알수록 우리는 그 모든 존재들 사이에 있는 차이를 보다 분명하게 알게 된다. 이 우주의 모든 차원들은 다른 차원들과 구별되는 세계인 것이다. 존재한다는 것은 한 실체의 독특한 표명이다. 진화하는 우주 안에서는 반복이나 똑같은 것이 없다는 사실에 특별한 감동을 우리는 받는다. 베리는 우리 주변의 차이를 보고, 종種과 존재들과 여러 종류의 관계들을 보고 그 많은 다양함을 생성한 진화를 알아본다. 우주는 무한히 늘어난 어떤 획일화된 덩어리가 아니다. 베리는 다음과 같이 말한다.

원자에서 은하수에 이르기까지, 지구의 중심부에 있는 철에서 꽃에 이르기까지, 비상하는 독수리에서 땅위에 걸어 다니는 인간에 이르기까지, 어느 수준에서도 우주의 자기표현 하나하나가 반복될 수 없고, 대체할 수 없는 존재이다.[71]

이 분화의 유전 부호는 인성교육의 첫째 부호이다. 교육은 나는 남들과 무엇이 '다른가'이지 나는 남들보다 무엇이 '나은가'가 아니다. 지금 우리의 교육은 학생들의 나은 점을 추구하고 액셜런스 (excellence 수월성 혹은 탁월성)를 너무 강조한 나머지 '불평등'과 '배제'를 심화시키고 있다. 요시미 순야 교수는 이렇게 말한다. "액셜런스라는 공허한 기호를 매개로 대학은 국민국가의 이데올로기 장치에서 글로벌한 관료주의적 경영체로 변모하고 있다."[72]

현대 세계의 복음 선포에 관한 프란치스코 교황 권고 "복음의 기쁨"에서도 "배척의 경제는 안 된다. 폭력을 낳은 불평등은 안 된다. 가난한 이들의 사회 통합, 상처받기 쉬운 이들의 관심, 공동선과 사회 평화, 다양한 모습을 지닌 하느님 백성, 다양성의 원천이신 성령, 정의가 모든 정치의 목적이며 고유한 판단기준"이라는 메시지를 통하여 우주 생성의 분화 부호와 연결되어 있다고 보인다.

역사기록에 따르면 지구에는 8000번 이상의 전쟁이 있었다.[73] 배우자 학대, 아동 학대, 가족 간의 싸움 등과 같은 많은 폭력 안에는 '다름과 다양성'을 거부한다는 표현인 것이다. 지금도 우리 사회에서 일상적으로 벌어지고 있는 갈등, 싸움, 분쟁, 학교폭력, 군 폭력, 언어폭력, 집단 왕따와 따돌림, 인종차별은 우주 생성의 원리인 분화 부호를 존중하지 않는 결과이다. 학교는 경쟁이 초래하는 비인간적 결과에 관심을 갖기보다는 비인간화를 무릅쓰고라도 오로지 경쟁에서 승리하는 데만 관심을 갖는다. 우리 사회가 이렇게 불공정의 회오리 속에 불안과 두려움에 쉽게 전염되는 이유도 바로 여기에 있다.

우리가 분화 부호를 위반하게 되면 될수록 획일화, 단일화, 표준화, 효율화로 치닫게 될 것이다. 이것은 우주의 진화는 기본적으로 사물의 기능적인 질서 안에서 '지속적인 분화'로 나아갔는데 오히려 근대세계는 마치 단일종 재배처럼 단일화, 획일화 즉 '모노컬처'로 향해 나아갔을 뿐 아니라 교육 역시 표준화와 획일화로 치닫게 되었고 결국은 다양성으로부터 멀어졌다. 그리하여 농업에서도 오직 돈이 되는 단일작물, GMO 종자가 차이와 생명 다양성을 파괴하고, 그 지역의 고유한 토종의 로컬 음식을 사라지게 만드는 것이다.

'생물 다양성의 상실'은 곧 '문화 다양성의 상실'로 낙착되고 만다. 교육이 바로 그것이다. 세계 어딜 가나 마치 단일품종처럼 대학입시 준비를 위한 똑같은 교육시스템이 있다. 우리가 이구동성으로 말하는 창의력도 가치를 끌어낼 수 있는 독창적인 아이디어를 생각해내는 과정이라고 본다. 창의력은 서로 '다르게 발달된 관점들'의 상호작용에서 일어난다고 생각한다. 그러나 우리 교육은 창의성을 오히려 말살시킨다. 획일화의 교육이다. 이 세상의 모든 교육제도들은 동일한 과목 체계를 갖추고 있다. 단 하나도, 어딜 가든지 다른 것이 없다. 맨 위에는 수학과 국어, 영어가 있고 그 아래는 예술이고, 그 아래 마지막으로 체육이 들어간다. 지금 우리 교육은 유전 부호와 아주 동떨어져 있다.

그러므로 통합적인 인성교육의 첫째 부호는 분화이다. 창의성 분야의 세계적인 권위자 TED의 가장 인기 있는 강사 켄 로빈슨 박사는 그의 저서인 『엘리먼트』에서 자신의 고유한 재능과 열정이 만나는 지점, 자신만의 최적점을 엘리먼트라고 이름을 붙이면서 이 엘리먼트를 활용하여 하고 싶은 일을 하는 과정에서 느끼는 집중과 행복의 상태를 '인더 존 in the zone'이라 하였다.[74) 즉 나만의 다른 분화, 나만의 무엇,

나만의 다양성을 찾아 몰입하고 투신할 때, 우리가 '인더존'의 상태를 경험할 수 있다는 뜻이다. 분화 인성교육은 나는 남들과 다르다에서 시작하고 나는 남들과 무엇이 다른가 하고 절대적 질문을 던지는 것이다. 베리는 이렇게 말하였다. "우주는 하나의 분화과정으로 출현한다. 분화 없이는 우주도, 존재하는 실체도 없다."[75]

우주는 모든 존재로 매 순간 우리에게 다가와 다음과 같은 놀라운 소식을 알려 준다. "나는 새롭다. 우주를 이해하기 위해 나라는 존재를 이해하라."[76]

2) 자기조직(autopoiesis) 또는 내면성

우주 생성의 두 번째 부호는 자기 조직이다. 자기 조직은 베리에 의하면 주체성, 자기표명, 감각성, 경험의 역동적 중심, 현존, 정체성, 존재의 내적 원리, 목소리, 내면성 등으로 다양하게 표현하고 있다.[77] 우주 생성의 이 두 번째 원리는 각 개체가 우주 안에 있는 다른 모든 존재와 다를 뿐만 아니라 각자의 고유한 명료함과 자체적 자발성과 자생성을 가지고 있다는 것이다. 자기조직은 자신만의 내면성과 독특한 구조와 반복될 수 없는 사물의 내적 차원을 가르친다. 자기조직은 우주 창조 활동에 직접 참여하기 위해 살아있는 몸에서 은하계에 이르기까지 모든 존재들이 가지고 있는 힘을 말한다. 한 실체의 내면성은 그 자체로 자기만의 존재의 깊이에서부터 신비를 반향한다. 베리는 이렇게 말한다.

"수소원자에서 인간 두뇌에 이르기까지 내부의 정신적 통일성은 일관되게 존재의 보다 거대한 복잡화와 함께 증가했다. 이러한 내면화의 능력은 점차 복잡성을 더해가는 유기체의 구조를 통해 기능의 통일성이 증가한다는 사실과 관련한다. 주체성의 증대는 중추신경계의 복잡성 증가와 관련이 있다. 그다음으로 두뇌가 발달한다. 중추신경계와 두뇌가 발달하면 유기체의 활동을 통제하는 것이 자유로워진다. 이런 방식으로 행성지구는 자기 결정을 하는 힘들이 자유롭게 상호작용하는 것으로부터 점차 더 많이 영향을 받게 된다. 주체성은 전통적으로 우주의 모든 실체에 내재한다고 여겨온 성스러운 특질과 관련된다." [78]

베리는 사물의 이러한 성질은 보편적이지만, 이것은 인간 사회에서 활성화되어 사상가, 시인, 작가, 과학자, 농부, 장인, 정치 지도자, 상인, 교육자, 그리고 우주의 기능 안에서 인간 존재가 수행하는 모든 다른 역할의 창조적 힘으로 표현된다고 말한다. [79] 그러나 베리는 현대의 가장 큰 문제점은 우주를 '주체(subject)의 친교'라고 보지 않고 '객체(object)의 집합'으로 본다는 것이다. [80] 이 우주를 얼마나 사용할 수 있고 얼마나 효용성이 있는지만 생각하고 또 재산의 가치로만 측정한다는 것은 영혼의 결핍상태이다. 친교를 나누어야 할 자연을 파괴해야 할 객체로 보는 것이다. 이를테면 숲이 없을 경우에는 단지 경제적인 손실뿐만 아니라 영혼까지 상실감을 겪게 된다.

프란치스코 교황은 이렇게 말한다. "현대의 금융위기는 그 기원에 인간학적 위기가 있다는 것도 간과하게 만들고 있습니다."(복음의 기쁨 55항) 교황 요한 바오로 2세의 회칙 생명의 복음에서 "인간은 생명을 존중해야할 거룩한 어떤 것으로 여기지 않습니다. 생명 그 자체는 사물이 되었습니다. 자연 자체가 어머니(mater)인 존재에서 물질(matter) 존재로 격하되었으며, 모든 종류의 조작의 대상이 되고 말았습니다. 현대 문화에 만연된 일종의 기술적이고 과학적인 사고방식은 이런 방향으로 이끌어 가고 있습니다."(22항)라고 말하고 있다.

뿐만 아니라 우리는 대기, 토양, 바다의 화학적 균형을 극심하게 전복시켰고, 화석연료를 흥청망청 지나치게 사용해 지구를 황폐화시켰으며 다수의 야생동물의 종들을 멸종시켰다. 자연만 쓰레기가 된 것이 아니고 인간 역시 쓰레기가 되는 삶으로 전락하였다.

우리가 인성교육의 두 번째 원리 즉 자기조직의 부호에 연결한다는 것은 우리는 무엇보다도 먼저, 우리 자신과 타인들 안에 관상적인 시각을 길러주는 것이다. "제가 오묘하게 지어졌으니 당신께 감사하나이다"(시편 139, 14) 이것은 생명을 그 깊은 의미에서 그 절대적인 고마움과 아름다움을 파악하는 시각이다. 그것은 생명을 소유하는 대상인 어떤 유기체라고 생각하지 않고, 선물이라고, 모든 사물들 안에서 창조주 하느님의 모상을 발견하는 것이라 생각하고 바라보는 시각이다. 사물을 소유하고 소비하는 중독에서 치유하는 것은 우주 생성의 두 번째 원리라고 생각한다. 우주의 진행 과정에서 알 수 있는 분명한 사실은 각 개체가 다르면서 복제 불가능하며 독특한 자발성으로 존재의 신비와 거룩함의 깊이를 가지게 되기 때문이다. 존재하는 모든 것들은 그 어느 다른 목소리도 나타낼 수 없는 깊은 내적 신비를 나타내고 있으며 각자 누구도 범할 수 없는 내적 정체성을 가지고 있다.

필자는 학생을 만날 때마다 다음 세 가지를 묻는다. 너가 참으로 좋아하는 것이 무엇인가? 네가 잘하는 것(재주)이 무엇인가? 너가 잘 할 수 있는 것(재능)이 무엇인가? 대부분 학생들은 잘 대답하지 못한다. 하지만 인성교육의 두 번째 원리는 자신의 내적에 숨어있는 구조의 힘을 자발적으로 선사받은 탤런트를 세상 속에 드러낼 수 있도록 코칭하는 것이 교육이라고 생각한다. 학생이 교실에 가만히 앉아서 수동적으로 지식을 받는 수령자가 아니라 자신의 교육에 적극적으로 참여하는 주체로 변할 수 있도록 진정으로 장려하고 촉진하는 것이다. 그것이 이른바 공감에서 나오는 창의성이다. 이 인간의 창의성도 결국 우주의 본질적인 창조성에서 나온다. 빅뱅에서 은하계가 창조되었고 은하계에서 태양계가 창조되었고 태양계에서 지구가 창조되었고 지구에서 생명 다양성이 창조되었고 뭇 생명에서 인간이 창조되었으며 인간에서 의식이 나왔으니 인간은 빅뱅 즉 우주 시작에서 진화된 과정의 창조적인 힘을 가지고 있다.

3) 친교(communion)

우주 생성의 마지막 원리는 친교이다. 토마스 베리는 친교를 상관성, 상호의존성, 친족관계, 상호관계, 내면적 관계성, 호혜, 상보성, 내적 결합성, 친화성 등으로 표현했다.[81] 우리는 스스로 구별되고 스스로를 조직하는 존재들로 진화했다. 나뭇잎 하나하나가 서로 다르고, 각 눈꽃 송이가 다르고, 석양마다 다를 뿐만 아니라 각 존재는 자신의 고유한 목소리와 저마다 제답게 내적 원리를 갖고 약하지만 의식과 인간의 특징을 공유한다. 단순히 사용되어야 할 대상은 없다. 각 존재는 그 자체로 존엄하며 신성하다. 그러나 여기에 덧붙여 우주는 감각 능력이 있는 중심 창조물 사이에 다양한 관계 그물인 공동체로 발전하였다.[82]

뉴턴은 만유인력의 법칙으로써 우리에게 우주의 모든 물

리적인 것들이 중력에 의해 다른 것들에게 끌리고 있음을 알게 해 주었다. 아인슈타인은 그의 상대성이론으로 우주 안에 모든 것이 상호관계를 맺고 있는 양식에 대해 생각하는 법을 우리에게 보여 주었다. 이 기초적인 친교는 짝짓기 의식, 공생, 포식자-피식자 관계를 통해 생태계의 질서를 이룬다. 베리는 이 친교의 법식이 우주만물에서는 생식과정으로 표현되며, 가장 매력적인 형태는 인간의 애정에서 절정을 이룬다고 본다.[83] 인간 안에 이 친교가 적절히 발휘되고 만족스러운 고도의 수준으로 실현되려면 우주 부호의 3번째 원리는 친교가 광범위한 교육과 내적 훈련이 필요하다. 인성교육의 마지막 원리는 친교이며 친교의 확장인 공동체이다. 친교와 공동체의 어원이 communion에서 나왔음을 알 수 있다.

토마스 베리는 우주 이야기에서 친교를 이렇게 깊은 의미를 가지고 설명한다. "친교의 상실, 그로 인한 소외는 우주에 존재하는 최정점의 악이다. 전통적으로 종교에서는 이러한 상실을 궁극적인 악으로 이해했다. 즉, 자신만의 세계에 갇혀 버리는 것, 다른 존재들과의 밀접한 관계로부터 단절되는 것, 상호 공존의 기쁨에 들어갈 수 없는 이런 상황들을 지옥의 본질로 여겼다."[84]

지금 우리 대학이나 사회의 현실은 불평등과 경쟁의 심화로 최정점의 악으로 치닫고 있는 실정이다. 한국은 경제협

력개발기구(OECD) 국가들 중에 사교육비부담과 대학등록금이 미국 다음으로 가장 높을 뿐 아니라 아주 빠른 속도로 공동체가 와해되고 있는 나라이다. 토마 피케티 교수는 무상교육이 불평등해소에 가장 크게 기여할 수 있다고 말하지만 우리 대학의 현실은 그러하지 못하다. 지난해 대기업의 실효세율은 17.9%이다. 특히 재벌 대기업에 대해서는 인위적 고환율과 연건 16조원이 넘는 R&D 예산의 대부분, 대규모 공공 토건 사업, 불공정 거래 및 담합 등에 대한 방조, 세계적으로 낮은 법인세와 대폭적인 비과세 감면 혜택 등 온갖 편의를 제공하면서 재벌의 독식을 방치해 왔다. 그 결과 지난 몇 년간 재벌 대기업들이 사상 최대의 실적을 올리는 와중에도 대다수 서민들의 삶은 갈수록 어려워졌다. 이렇게 심해진 양극화와 심각한 불평등은 결국 광범위한 계층에 혜택을 주는 공공 투자의 축소 및 공교육에 대한 지원축소가 어려워지게 하였다.

우리 대학의 두 가지 실패를 개선하기 위해서는 신자유주의에 따른 과도 경쟁에 의한 대학 공동체의 양극화를 바로잡기 위해서 사회적 경제 즉 사업적 기업, 마을 기업, 협동조합 그리고 공유경제를 개발하는 것이다.[85] 이른바 '제4섹터'이며 미국에서는 하버드, 스탠퍼드, 예일, 두크, 존스홉킨스를 포함하는 수백 개의 대학교들이 4섹터 혹은 시민 섹

터를 연구하는 과목을 개설하고 연구소를 운영 중이다.[86]

또 하나의 실패는 우리 지구와 인간과의 관계에서 깊은 친교 능력을 키우지 못했다는 것이다. 우주는 하나의 친교(communion) 이고 하나의 공동체(community)이다. 그 친교가 스스로를 의식하게 된 상태가 바로 우리 자신이다. 이를 위해서 베리는 인간의 '감수성 교육'을 강조한다.[87] 베리는 "파괴된 현실에 대한 공포감에 의해서 반응하는 감수성은 소극적인 면이고 아름다움에 대한 끌림이 더욱 적극적인 감수성이다."라고 했다. 또 토마스 베리는 감수성에 대해 이렇게 말한다.

"지구치유를 위해 새로운 감수성이 요구된다. 이 감수성은 자연 세계의 눈부신 모습에 대한 낭만적 애착 이상의 어떤 것이다. 이 감수성은 자연의 보다 광범위한 활동양식, 즉 자연의 즐거움 양상뿐만아니라 가혹한 요구까지도 이해할수 있는 감수성이다. 이 감수성은 다른 생명 형태들의 번성을 위해 인구 감소까지도 기꺼이 받아들일 수 있는 감수성이다"[88]

그동안 우리 대학뿐만 아니라 우리는 오랫동안 산업화 부호의 이름으로 지구에 대해 자폐증을 보여왔다. 이제야 비로소 우리는 산업발전과 개발이라는 이름으로 가해진 폭력을 중단하라는 지구의 요청에 눈을 뜨기 시작하였지만 "인간적 목적이 없는 비인간적인 경제독재"(프란치스코 교황의 복음의 기쁨 55항)와 결탁할 수밖에 없는 우리 대학의 현실에서 행성 지구의 위기에 주의 깊게 눈을 돌리기에는 아직은 저 멀리 있어 보인다. 지구 치유를 위한 적극적인 감수성은 인문학과 예술 그리고 종교의 기능이 참으로 중요하지만 그 과들은 대학의 구조조정에 통폐합되거나 사라지고 가톨릭 대학이라는 특성화 자체도 전혀 없어 보인다.

그러나 프란치스코 교황은 "복음의 기쁨"에서 교육과 대학교의 역할에 대해 이렇게 충고하고 있다. "우리는 수많은 정보가 무차별적으로 쏟아지고 있는 사회에 살고 있습니다. 이러한 사회는 도덕적 문제를 매우 피상적으로 다루게 될 것입니다. 따라서 비판적 사고를 가르치고, 도덕적 가치들 안에서 우리가 성숙하는 길을 제기해 주는 교육이 필요합니다.(64항) 우리 사회를 휩쓰는 세속화의 물결 속에서도, 많은 나라에서, 심지어 그리스도인들이 소수인 나라에서도 가톨릭 교회는 대중에게 신뢰를 받는 기관, 가장 궁핍한 이들을 향한 연대와 관심에서 믿을 만한 기관으로 받아들여지고 있습니다. 가톨릭 교회는 평화와 사회 화합, 환경과 생명수호, 인권과 시민군 등에 관한 문제들의 해결책을 찾는데 중재자로서 줄곧 활동해 왔습니다. 그리고 가톨릭 학교와 대학교들이 전 세계에서 얼마나 많은 기여를 해 왔습니까!"(65항)

마무리

산자연학교를 비인가에서 인가라는 스테이지로 한 단계 올린 후 대학에 들어왔을 때 기대감과 불안감이 교차되었다. 이러한 감정은 사적인 것일 수 있다. 1학기를 새내기와 지내면서 꼬리를 물고 일어나는 의문은 대학이 무엇인가라는 것이었다. 이건 아닌데 하는 느낌과 인상을 강하게 받았다. 그래서 나름대로 대학에 대해 기대하였던 것과 현재 벌어지고 있는 사태들에 대해 추적해 보고 탐구해 보았다.

이 논문은 대학을 전체적으로 자료를 조사하거나 분석하지 않았다. 한 학기 체험을 한 뒤에 작업한 리포트이다. 그래서 대학자체를 연구하거나 좀 더 체계적으로 문제점과 그 원인을 파악하지 못했다. 이 논문은 아직 불완전하며 미완성적인 자료들이다. 다양한 대안들이 나와야하며 비판과 토론의 여지가 아주 많지만 세월호의 메아리처럼 캠퍼스에 가만히 있는 것은 자기모순이 아닌가하는 생각이 든다. 대학이란 무엇인가에서 우리 대학은 어디서 왔는가를 묻지 않을 수 없지만 우리 대학 즉 조선의 성균관에서 경성제대, 선교사들 즉 아펜젤러가 세운 대학, 미군정 아래 세운 미국 주립대학 등 짧은 우리 대학의 역사를 살펴보아야 했다. 대체로 우리 대학이 외부에서 유입된 교육제도임에 틀림이 없지만 우리 가톨릭 계통의 대학의 역사도 사립대학의 모델로서 정리할 필요성을 알게 되었다. 우리가 걸어온 과거를 알아야 미래를 열 수 있기 때문이다. 왜 대학이 필요한 지는 서구의 중세 도시와 유니버스티, 국민국가와 대학의 재탄생 그리고 대학원의 재발명, 마지막으로 대학의 지식기반으로서 미디어를 재조명할 필요성을 지적하였다. 우리 대학의 역사와 서구대학의 역사를 다시 보는 것은 대학이 무엇인지 그리고 대학이 어느 방향으로 나아가야 할지에 대해 오늘날 우리 사회에서 꼭 필요한 문제제기이다.

중세 대학의 탄생과 몰락 그리고 재탄생이 미디어와 깊은 관계가 있음을 지적한 요시마 순야는 문과와 이과를 아우르는 MALUI(Museum, Archive, Library, University, Industry) 제휴와 디지털 지식기반, 이를테면 지금까지 공공적 아카이브(archive)를 구축해온 도서관, 박물관, 미술관, 문서관, 자료관, 필름센터, 방송 프로그램 아카이브 등의 기관과 대학, 산업체가 제휴하여 새로운 형태의 아카이브를 정비하는 작업을 통해서 디지털 사회의 지식기반을 구축하는 작업을 하고 있다.[89] 그리고 무크 구축이 새로운 교육혁명의 효시가 되고 있다는 흐름을 예의주시할 필요가 있다고 본다. 왜냐하면 메타 아카이브와 무크가 마치 중세 때 인쇄술이 중세 대학의 붕괴를 가져온 것처럼 지금의 '신인류 디지털 세대'의 디지털 지식기반이 새로운 대학을 탄생하게 할 것이라고

'유엔 미래 보고서 2040'은 예측하고 있기 때문이다. 때문에 많은 대학들이 원격교육과 오프라인 교육의 장점을 결합한 시스템 도입을 검토하고 있다. '역진행 학습'(flipped learning) 혹은 '거꾸로 학습' 즉 블렌디드 러닝(Blended Learning)이고 또 다른 시도는 디지털 교과서, 게이미피케이션의 개발이다.[90]

그런데 강의실 현장에서 일상적으로 경험하는 우리는 또 다른 역설을 경험하고 있다. 새로운 디지털 네트워크는 새로운 지식과 소통의 통로를 빠르게 제시하지만 연결중독의 증세의 현상, 리셋 증후군, 집단광기 등 강박적인 '긍정의 과잉성'(피로사회)과 사회성 부족의 외로움의 '투명사회'로 노출될 수 있는 모습을 보기 때문이다.[91] 그리고 학생들의 시험 답안지를 보면 독해력이 떨어져 있고, 풍부한 은유와 언어 구조, 어휘력이 현저하게 감소하고 있음을 느낄 수 있기 때문이다. 반면에 필자가 대학에서 배웠던 공부의 방식이 지금의 대학생들에게 통하지 않음을 절감하였다.

그것은 다름 아닌 수직적 학습에서 수평적 학습에로의 전환이다. 위계적인 학습 모델이 아니라 협력방식, 협력학습, 그룹을 통한 활동, 수업시간에 학생들이 갖고 있는 공감적 본성을 이끌어 내는 협동적인 학습 모델이 효과적임을 경험한다. 그래서 필자는 텍스트 대신에 스마트폰을 활용한다. 분명한 것은 배움이 객관적이고 따로 분리되어 존재하는 것이 아니라 상호관련성, 사물과 현상의 관계성에 타인과 함께 참여함으로써 얻어지는 공감적 경험임을 발견할 수 있다. 미래 대학의 키워드는 통섭 혹은 융합, 통합일 수밖에 없다. 대학도 변화의 파도에서 살아남기 위해서 세상에서 가장 필요로 하는 환경파괴나 자연재해와 같은 이슈를 연구 프로젝트로 삼게 될 것이다. 제러미 리프킨의 사상의 밑바탕에 '생물권 교육', '공감적 과학을 가르치는 세대', '생물권이 학습 환경이 되다' 가 지속적으로 등장하는 이유는 지금 이 시점 이전에 다른 기후 변화로 동식물의 대멸종을 불러 올 수도 있고 그와 더불어 인류가 대규모 파국을 맞이할 수 있다는 사안이기 때문이다.[92]

그러한 맥락에서 우리는 한걸음 더 나아가서 토마스 베리의 생태사상을 통하여 대학의 위기를 포함하여 행성지구의 위기는 결국 지구의 자본화, 개발과 진보를 통한 생산성과 이윤창출의 과학과 기계 기술의 오용에서 찾을 수 있다. 인류 역사상 처음으로 행성 전체의 생태계의 위기를 자초한 것은 인간과 자연과의 올바른 관계를 맺게 하는 우주론이 없다는 데 더 근본적인 원인임을 토마스 베리는 진단하였다. 그래서 필자는 새 우주론 즉 '우주 이야기'를 소개하였다. 이 이야기는 더 연구되고 지구촌의 사회 이야기로 소화해야 하는 과제가 아닐 수 없다. 과연 학문 간의 통섭이나 이

과나 문과, 자연과학과 사회과학 그리고 인문과학을 연결시켜주는 바탕으로써 우주 이야기가 자리를 잡을 수 있는지는 연구과제이다. 왜 이야기인가? 생태와 진화의 우주이야기를 폭넓은 대중에게 전달하려면 답은 이야기에 있기 때문이다. 토마스 베리의 지적대로 우리가 지속 가능한 세계로 나아가려면 새로운 이야기가 필요하다. 베리의 심금을 울리는 이야기를 다시 들어보자.

"내게 이야기 하나 해 주세요. 아이였을 때 우리는 얼마나 자주 이렇게 말했던가! 내게 이야기를 하나 해 주세요. 내게 강과 계곡과 시내와 산림지대와 습지대에 대한 이야기, 조개와 물고기에 대한 이야기, 우리가 지금 어디에 있고 어떻게 여기까지 왔는지에 대한 이야기들, 그리고 그 이야기에서 우리가 맡은 역할을 이야기해 주세요. 내 주위의 모든 이와 모든 것에 대한 이야기인 동시에 우리를 계곡 공동체로 한데 묶어주는 이야기를 해 주세요. 낮에는 거대한 활 모양의 푸른 하늘 아래, 밤에는 반짝이는 하늘 아래 우리를 한데 묶어주는 이야기를 해 주세요."[93]

그리고 토마스 베리가 말하는 우주 진화의 세 가지 유전부호를 교육적 원리로 확대하여 오늘날 대학교육에서 가장 기초적인 교양교육으로 떠오르고 있는 인성교육의 세 축으로 세운 것에 대해 타당성이 있는지 더 발전시키고 구체화시킬 필요성이 대두되었다. 이 교육은 평생교육과 연계하여 이미 대학을 졸업한 사람들 특히 실버 세대들에게 리필하면 좋을 것으로 본다. 평생학습으로서의 종교학도 우주교육에 접맥할 필요성이 더욱 대두하게 되었다고 본다. "대학은 이를 위해 재사회 교육을 하는 평생교육기관으로도 자리잡아야 한다. 특히 무언가를 만들어내는 역할을 할 수 있어야 하고, 현재의 주민센터나 대학들은 이런 모델로의 변화도 고민해야 한다. 3D프린터 등의 개발은 이런 가능성을 열어뒀다. 과거에는 수익을 내기 위해 저노동 대량생산의 아웃소싱이 경영의 대세였지만, 이제는 인소싱으로 다시 돌아가는 것이다. 대학은 이를 가르치고, 또 직접 생산하면서 새로운 모습으로 변할 것이다."[94]

끝으로 대학 유니버스티의 본래 의미가 학생들 간의 조합이나 결사체라고 한다면 자본에 함몰된 대학을 건져내기 위해서 그리고 시장의 신으로부터 대학을 분리하기 위해서도 사회적경제로, 이를테면 사회적 기업, 협동조합, 마을기업, "공유경제"[95] 등으로 대학 안에서 실험적으로 시도하고 블루오션으로 개척해 보면 좋을 것이다. 불평등과 배제의 경제구조에서 그리고 대학의 자본의 종속에서 자립과 자생하기 위해서 대학이 시민사회를 발전시키고 사회적 자본을 창조하는데 대학이 새로운 문자유전자로서 이제 나서야 할 때이다. 미래 대학의 생태계는 원주 상지대학, 한국 외국어대학, 군산대학교건설소재알앤디협동조합, 조선대학 등에서 산학연 협동조합의 좋은 사례가 있다.[96] 대학에서 취업이나 일자리 그리고 창업을 통해서 대학의 경제적 자립이나 자립을 도모하기 위해서라도 대학 안에서 수익창출을 만들기 위해 만든 갖가지 업체를 외부에 계약할 것이 아니라 교수와 교직원 그리고 학생 심지어 지역주민까지 협동하여 '지역 커뮤니티'를 통한 지역자본주의를 창조한다면 이것이 대학에 있어서의 소리 없는 경제혁명이며 생태계 순환을 위한 장치라고 본다.

결론적으로 필자가 몸담고 있는 하양의 생태 리터러시인 '지역 주민'(2만 7000명)과 '장소' 그리고 '교육'(대학)은 통합적이지도 못하고 역동적인 통일체의 공동체가 되지 못하고 있다. 이를테면 지역 주민이 대학의 축제, 특강, 세미나, 심포지엄 등 평생교육의 처소로써 대학에 거의 참여하고 있지 않아 보인다. 이 대학의 교수나 직원들도 이 지역에 거주하고 있지 않다. 이 지역에 거주하고 있는 이유는 단지 대학이 하양에 있기 때문이다. 사실 우리는 그 지역의 풍경과 풍수, 지리, 풍토, 계절, 농사 등 그 장소로부터 배우고 그 장소를 통해 우리 자신을 배운다. 토마스 베리는 이렇게 감동적으로 말한다.

"우리는 상상적, 심미적, 정서적 생활의 모든 면에서 주변 세계에 크게 의존한다. 외적 경험 없이 내적 삶이 없다. 원시림을 없앨 경우 경제적 손실뿐만 아니라 영혼까지도 상실감을 겪게 된다. 우거진 숲에서 경험할 수 있는 상상력, 정서, 지성까지도 박탈되기 때문이다. 어린이들은 오로지 콘크리트와 강철, 전깃줄, 바퀴, 기계, 컴퓨터, 플라스틱만 접촉하고 살았다. 밤하늘의 별조차 경험하지 못한 사람은 인간의 가장 깊이 있는 경험을 하지 못하게 되는 영혼 결핍 상태에 있는 것이다."[97]

대학이 존재하는 이 지역은 중생대 경상계 백악기 퇴적층 일대로 약 1억 년전 호수에 퇴적돼 이루어진 퇴적층(하양읍, 금락리, 부호리, 은호리 등지)으로 되어 있다. 대가대 스트로마톨라이트,(천연기념물 제512호) 은호리 개발에 발달하는 작은 도움형 스트로마톨라이트, 관입암맥, 조산천 기반암 하상, 하식애에 발달한 타포니, 건열화석, 연흔화석, 조산천의 퇴점암 하식애, 촛불기도, 조산천 일대 화석 등 매가톤급 화석들이 즐비하게 깔려져 있다.[98]

놀라운 것은 지역 주민도 대학도 잘 모르고 있다는 사실이다. 지역 주민과 대학을 거주지와 다시 연결시키는 것은 시급한 사항이다. 거주지에 대한 신성모독은 우리의 마음과 정체성을 손상시킨다. 스트로마톨라이트는 우리가 누구이며 우리가 어디에서 왔으며 어디로 갈 것인가에 대해 깊은 영향을 끼친다. 스트로마톨라이트야말로 우리 대학의 과학자이며 이 지역의 영매이다.

하양읍의 다운타운에 대학문화가 전혀 없고 야한 소비문화만 늘어져 있다. 지역 주민들은 대학의 '낙수 효과'만 기대하고 대학은 지역을 도구화할 뿐이다. 최근에 하양꿈바우시장을 두고 대가대, 대경대가 협업적 시도가 있는 것은 고무적이다. 생태리터러시는 지역 주민과 생태계, 대학이 지속가능하고 상호증진케 하는 삶과 경제의 양식을 형성하도록 하기 위해 지역 주민들이 거주하는 지역의 생태계의 순환과 자립의 역동성을 만들어 내는 지식과 경험의 다이내믹 통합을 말한다. 이른바 지역자본주의 혹은 지역커뮤니티이다. 그러므로 대학이 이 지역을 '생태마을'로[99] 반전할 수 있도록 인큐베이팅 역할을 한다면 대학도 자신의 처한 위기에서부터 출애급을 할 수 있을 것으로 본다.

1) 영국의 생물학자 도킨스(Richard Dawkins)가 1976년 출간한 저서 《이기적인 유전자 The Selfish Gene》에서 만들어 낸 용어이다. 도킨스에 따르면, 문화의 전달은 유전자(gene)의 전달처럼 진화의 형태를 취한다. 생물학적 유전자처럼 사람의 문화심리에 영향을 주는 요소가 밈이다. 도킨스는 '진(gene)' 처럼 복제 기능을 하는 이러한 문화요소를 함축하는 한 음절의 용어를 그리스어(語) '미메메(mimeme)' 에서 찾아내 여기서 밈을 만들어 냈다. '미메메' 에는 '모방' 의 뜻이 들어 있다.

2) 오산자연학교 이야기는 정홍규, 평화 생태 이야기, 바오로의 딸, 2010, 178-180.

3) 제레미 리프킨, 엔트로피, 이창의 역, 세종연구원, 2011, 298-299.

4) 마하트마 간디, 마을이 세계를 구한다, 녹색평론사, 2006. 본래는 학교가 '스마트그리드' 를 내세우고 마을 단위의 전력 네트워크로 에너지 자가발전 시스템을 구상하였다.

5) 요시마 순야, 대학이란 무엇인가, 서재길 역, 글항아리, 2014, 042.

6) http://news.unn.net/news/articleView.html?idxno=138902

7) 산자연학교 이야기는 정홍규, 평화 생태 이야기, 181-187.

8) 토마스 베리는 오벌린 대학의 데이비드 오어가 사용하는 literacy라는 용어를 빌려 지구 리터러시 혹은 생태 리터러시라는 개념을 사용하고 있다. 지역기반 학습은 생태 리터러시라는 뜻과 같은 맥락이다. 생태 리터러시는 사람, 장소, 교육을 하나의 통합적이고 상호관련이 있는 역동적인 통일체이다.

이것은 조용히 번지는 풀뿌리 교육혁명이다. 전통적 도제 훈련, 현장 학습, 문제 해결, 시스템 중심의 개념 학습을 하나로 엮은 것이다. 교실과 지역사회를 긴밀하게 엮어 모든 공부가 학생의 실생활과 연결되도록 하는데 주안점을 둔다. 인성 교육, 민주 교육, 시민 교육, 봉사 학습 등 여러 가지 이름으로 불리지만 주로

시민 교육이라고 불린다. (제레미 리프킨, 소유의 종말, 374-375)
　　토마스 베리, 위대한 과업, 이영숙 옮김, 대화문화아카데미,
　　2009, 137.

9) 제레미 리프킨, 엔트로피, 299.

10) 1995년 김영삼 정부의 5.31 교육개혁 안에서부터 신자유주의
　　정책기조가 전면 도입되었다. 조희연, 병든 사회 아픈 교육, 한
　　울,2014, 241. 대학과 경쟁에 대해서는 서보명, 대학의 몰락, 동
　　연, 2011, 21-40.

11) 대구가톨릭대학은 중앙일보 대학 학과 평가에서 5개학과 우수
　　성적을 거두었다. 대구가톨릭대학 대학신문 2014년 9월22일자.

12) 지역자본주의라는 말은 마을자본주의에서 확대한 용어인데 와
　　타나베 이타루, 시골빵집에서 자본론을 굽다, 정문주 옮김, 더
　　숲, 2014.

13) 데이비드 본스타인, 사회적 기업가와 새로운 생각의 힘, 박금
　　자 - 나경수 - 박연진 옮김, 지식공작소. 2008.

14) 데이비드 C. 코튼, 경제가 성장하면 우리는 정말로 행복해질까,
　　김경숙 옮김, 사이, 2014, 371. 대기업은 지역 공동체가 활성화
　　되면 사라질 것이라고 본다.

15) 제레미 리프킨, 3차 산업혁명- 수평적 권력은 에너지, 경제, 그
　　리고 세계를 어떻게 바꾸는가, 안진환 역, 민음사, 2012, 185.

16) 오산자연학교와 산자연학교의 평가는 황종렬, 가톨릭교회의
　　생태복음화, 두물머리미디어, 2008, 164-167.

17) 서보명, 대학의 몰락, 39.

18) 서보명, 같은 책, 44-51. 가톨릭대학도 마찬가지라고 생각한다.
　　모든 산업이 그러하듯, 교육기관인 가톨릭대학도 이 운명을 피
　　할 수 없다. 종교 없는 영성은 가능하지만 영성이 없는 종교는
　　몰락할 것이라고 본다. 급진적인 변화를 탐색하고 새로운 방법
　　을 찾지 않는다면 가톨릭대학도 이 변화의 파도에서 휩쓸려 갈
　　것이다.

19) 조희연, 앞에 나온 책, 245.

20) 강수돌, 팔꿈치 사회- 경쟁은 어떻게 내면화 되는가, 갈라타고

스, 2013. 91.

21) 서울시립신문, 2014년 9, 15일자.

22) http://news.unn.net/news/articleView.html?idxno=138902

23) 토마 피케티(2014), 21세기 자본, 정경덕 외 옮김, 글항아리,
685-686.
피케티는 이렇게 말하고 있다. "교육이 투자할 자본을 늘리고 글
로벌 자연자본의 가치 하락을 예방하는 것이 시급한 문제이다."

24) 서보명, 앞의 책, 252-256.

25) 같은 책, 52-59.

26) 같은 책, 233-244.

27) 같은 책, 25-27.

28) http://news.unn.net/news/articleview.html?idxno=137958

29) 박영숙 외 제롬 글렌 테드 고든 엘리자베스 플로레스큐, 유엔
미래보고서 2040, 교보문고, 61.

30) 같은 책, 136-138.

31) 국외무크 현황은 같은 책,139-140.

32) 국내무크현황은
http://news.unn.net/news/articleView.html?idxno=139107
2015년 예산안을 통해 정부에서도 K-MOOC 플랫홈을 개발하고
있다. 현재까지 전북, 영남, 경희, 고려, 서울, 연세, 이화, 울산,
충남, 부산, 대구대가대 등에서 한국형 무크를 개발하고 있는 중
이다.

33) 요시미 순야, 앞의 책, 024-025, 031.

34) 같은 책, 279-283.

35) 서보명, 앞의 책, 152-153.

36) http://news.unn.net/news/articleView.html?idxno=138902 대
학 교육의 평가를 취업률로 환산할 수 없다는 여론이 비등하다.

37) http://news.unn.net/ncws/articleView.html?idxno=138902

38) http://news.unn.net/news/articleView.html?idxno=138902

39) 요시미, 위의 책, 281.

40) 같은 책, 282.

41) 같은 책, 286-287. 제레미 리프킨도 화석연료가 주도하는 산업 혁명이 1980년에 들어서면서 정점에 달했다고 진단하고, 이미 1990년 중반에 인터넷 기술에 의한 커뮤니케이션과 재생 에너지의 새로운 수렴 현상이 곧 서로 융합하여 세계를 변화시킬 것이라고 내다보았다. 3차 혁명, 10.

42) 같은 책, 290-291.

43) http://news.unn.net/news/articleView.html?idxno=138548

44) 요시미 순야, 위의 책, 279.

45) 제레미 리프킨, 3차 산업혁명, 10.

46) 조희연, 위의 책, 240-281, 참고.

47) 티핑 포인트tipping point : 어떤 상황이 처음에는 미미하게 진행되다가 어느 순간 균형을 깨고 모든 것이 한순간에 변화되는 극적인 순간을 말한다. 이 용어는 말콤 글래드웰의 동명의 저서가 베스트셀러가 되면서 유명해졌다. 말콤 글래드웰은 "티핑 포인트"란 예기치 못한 일들이 갑자기 폭발하는 바로 그 지점을 일컫는다고 묘사했다.

48) 요시미 순야, 위의 책, 294. 아니면 위기가 새로운 위기가 될 수 있을 것인가? 서정돈 성균관대 총장(現 성균관대 이사장)은 "21세기 대학들은 상상을 초월하는 환경변화를 경험하고 있다. 기술의 눈부신 발달과 새로운 세대의 등장 등은 혁명적인 변화다. 이러한 급격한 변화는 대학의 위기지만 동시에 새로운 기회다"고 말했다. 그는 전통적인 대학과 미래대학의 차이로 △조직형태 △학습주도자 △공간개념 △학생 △상호작용 △시간개념 △학습형태 △졸업생 △동시성을 강조했다〈표〉. 또 새로운 패러다임에 대응할 미래 대학의 키워드로 '5C'를 제시했다. 창의성(Creativity), 융복합(Convergence), 사이버(Cyber), 핵심가치(core), 소통(communication)이다.
http://news.unn.net/news/articleView.html?idxno=138179

49) 데이비드 C. 코튼, 앞의 책, 371.

50) 토마스 베리(2009), 위대한 과업, 이영숙 역, 대화문화아카데미. 144-169.

토마스 베리(2013), 지구의 꿈, 맹영선 역, 대화문화아카데미, 105-121.

51) 토마스 베리, 지구의 꿈, 148.

52) 같은 책, 301.

53) 같은 책, 301.

54) 같은 책, 150.

55) 같은 책, 303, 315-316.

56) 에드 에이리스(2005), 신의 마지막 제안, 김용수 역, 문예당. 전 세계에 불어 닥친 네 가지 혁명적 변화를 다음과 같이 열거하고 있다. 이산화탄소 기체 발생의 급등, 생물 멸종의 급등, 소비의 급등, 인구의 급등 등 네 가지 급등현상은 근원적으로 연결되어 있어서 한 현상은 다른 현상의 원인이 되기도 한다.

57) 토마스 베리, 지구의 꿈, 153.

58) 같은 책, 155.

59) 토마스 베리와 브리이언 스윔(2010), 우주 이야기, 맹영선역, 대화문화아카데미. 숀 맥도나휴(1993), 땅의 신학, 황종렬 옮김, 분도출판사,135-143.

60) 토마스 베리, 지구의 꿈, 191.

61) 토마스 베리, 위대한 과업, 105, 114.

62) 토마스 베리, 지구의 꿈, 157.

63) 같은 책, 155.

64) 정홍규(2005), 우주의 집안에, 하늘북 커뮤니케이션, 209.

65) 브라이언 스윔, 메리 에블린 터커(2012), 우주 속으로 걷다, 내 인생의 책, 167.

66) 제레미 리프킨, 3차 혁명,322-323.

67) 리처드 도킨스 외 (2012), 왜 종교는 과학이 되려 하는가? 김명주역, 바다출판사, 278.

68) 토마스 베리, 우주 이야기, 123-134. 위대한 과업, 193-194. 지구의 꿈, 82-84. 토마스 베리는 이 원리를 우주론적 모델로 제안한다.(신생대를 넘어 생태대로, 37) 우주론적 모델에서는 아버지를 분화의 원리로, 차이화의 원리로, 육화의 말씀인 아들을

내적 명료화의 원리로, 성령을 창조적이며 아파하는 것을 품어
주는, 모든 것을 함께 결속시키는 힘으로 제시한다.(그리스도
교의 미래와 지구의 운명, 117)

69) 토마스 베리, 우주 이야기에서 이렇게 표현한다. "분화가 없었
더라면 우주는 균일한 점으로 몰락했을 것이고, 주체성이 없었
더라면 우주는 생기 없고 죽은 확장물로 몰락했을 것이며, 친
교가 없었더라면 우주는 소외된 존재들의 단일성으로 몰락했
을 것이다." 125.

70) 같은 책, 123.

71) 토마스 베리, 지구의 꿈, 166.

72) 요시미 순야, 앞의 책, 295.

73) 정홍규,(2006) 우리 한 처음 이야기, 푸른평화, 43.

74) 정철윤,(2012) 나는 남들과 무엇이 다른가, 8.o, 31.

75) 토마스 베리, 지구의 꿈, 165.

76) 토마스 베리, 우주 이야기, 128.

77) 같은 책, 123.

78) 지구의 꿈, 83.

79) 같은 책,166.

80) 토마스 베리 신부와 토마스 클락 신부의 대화,(2006) 신생대를
넘어 생태대로, 김준우역, 에코조익.

81) 우주 이야기, 123.

82) 같은 책, 132.

83) 같은 책, 133.

84) 같은 책, 133-134.

85) http://news.unn.net/news/articleView.html?idxno=139105

86) 데이비드 본스타인, 사회적 기업가와 새로운 생각의 힘, 9-10.
필자는 이번 학기에 처음으로 '사업적 기업가와 공동체성'이라
는 교과목을 개설하였다.

87) 토마스 베리, 그리스도교의 미래와 지구의 운명, 새로운 종교
가 아닌. 새로운 종교적 감수성이 필요하다. 100.

88) 토마스 베리, 지구의 꿈, 317-318.

89) 요시미 순야, 앞의 책. 297, 313.

90) http://news.unn.net/news/articleView.html?idxno=138445

'flipped learning', 즉 '역진행 수업 방식'을 채택한 교육이라고 할 수 있다. 역진행 수업 방식은 개인이 고안했다기보다는 여러 사람이 새로운 수업 방식을 찾아 연구한 끝에 차츰차츰 만들어 진 교육 방법이다. 2000년에 Maureen Large, Glenn Platt, Mchael Treglia가 쓴 논문에서 최초로 이러한 수업 방식이 언급 되었다. 이들은 Maiami 대학교의 '경제학 입문' 과목을 가르치 면서 역진행 수업을 적용한 사례를 논했고, 이러한 교육 방식이 학생들의 다양한 학습 스타일을 수용하여 차별화된 수업을 가 능케 한다는 것을 밝혔다. 2000년 이후로도 역진행 수업방식에 대한 논의는 계속되었고 특히 미국의 한 고등학교 화학교사인 Jonathan Bergmann과 Aaron Sam 교사가 2007년부터 중등교 육에서의 역진행 수업을 시도하였다. 이들은 화학수업에 자주 빠지는 예체능계 학생들을 위해 수업을 동영상으로 제작하였는 데 이것이 '거꾸로 교실'의 시작이었다. 수업을 미리 집에서 동 영상이나 인터넷으로 먼저 보고 듣고 학교에서는 토론 수업을 통해 동기들과 상호작용하면서 공부를 하는 것이 성과를 보이 면서 활성화된 것이다.

학습은 대부분 온라인에서 진행하고 캠퍼스는 1인 기업 혹은 학교와 사업하는 회사들로 가득 차게 될 것이다. 미래에는 인터 넷이 대학을 대신한다. 3개월 혹은 6개월 기술 훈련으로 바로 취업과 연결되는 마이크로 칼리지들이 부상한다.(유엔미래보고 서 2040, 290)

교육부·한국교육학술정보원(KERIS)·한국교육개발원(KEDI) 주최로 9월 27일 서초구 더케이서울호텔에서 열린 '디지털교과 서 및 스마트교육 전문가 토론회'에서 문·이과 통합형 교육과 정이 적용되는 2018학년도부터 '디지털 교과서'가 본격적으로 도입돼야 한다는 주장이 제기됐다.(연합뉴스)

게이브 지커맨, 크리스토퍼 커닝햄(2012), 게이미피케이션 : 웹 과 모바일 앱에 게임 기법 불어넣기 유저를 매료시키는 성공적

인 웹사이트와 모바일 앱의 원리, 송준호 , 김지원 옮김, 한빛
미디어.

이 책은 비즈니스에 적용할 수 있는 게임 디자인의 주요 핵심
개념을 알기 쉽게 설명한 게이미케이션 입문서이다. 저명한 게
임 디자이너들의 조언을 받아 마케터와 상품 디자이너, 상품 매
니저, 기획자가 알고 싶어 하는 게임 디자인 절차를 명확하게
정리하고 구체화시켜 게이미피케이션을 계량화된 예술이면서
동시에 과학으로 제시했다

91) 한병철(2012), 피로사회, 김태환 옮김, 문학과 지성사.
한병철(2014), 투명사회, 김태환 옮김, 문학과 지성사.

92) 제레미 리프킨, 3차 산업혁명, 352-357, 386.
제레미 리프킨(2011), 공감의 시대, 이경남 옮김, 민음사,
742,750.
토마스 피케티 교수도 기후변화는 한 번의 펜 놀림으로 해결할
수 있는 문제가 아니기에 훨씬 더 심각하고 어려운 과제임을 지
적한다. 앞의 책, 684.

93) 토마스 베리, 지구의 꿈, 259.

94) http://news.unn.net/news/articleView.html?idxno=139475
유엔미래보고서에 따르면 대학의 추락은 교육의 대변혁을 도모
하게 될 것이다. 대학들은 학생들과 평생 관계를 유지하면서 졸
업이라는 제도를 변형시킬 것이고 졸업 예정자들과 대학은 사업
을 진행할 것이며, 2가지 이상 전공을 하고 짧은 학습 캠프에 참
여하고 그런 경험을 토대로 1인 기업을 창업한다.(290쪽)

95) 제레미 리프킨(2014), 한계비용 제로 사회, 안진환 옮김, 민음
사. 이 책의핵심 키워드는 '협력적 공유사회' 이다.
1968년 논문 개릿 하든 "공유지의 비극"을 참고.
리프킨은 "공유지의 희극"을 말하였는데 이 공유지의 희극은
우자와의 사회적 공통자본이라는 개념과 거의 같다. 1994년 우
자와는 저서 "사회적 공통자본"(Social Common Capital)(2008,
이병천 역, 필맥)을 발표하였다. 우자와는 성장이론 분야의 세

계적 수리경제학자로서 자신이 연구한 모든 근대 경제학이 놓친 현실들, 예컨대 생태와 문화 등을 포괄하는 경제학 너머의 경제학을 만들고자 노력했다. '사회적 공통자본' 도 그 노력의 한 결실이었다. 사회적 공통자본은 "한 나라 또는 특징 지역에 사는 모든 사람이 풍요로운 경제생활을 영위하고, 우수한 문화를 전개하며, 인간적으로 매력 있는 사회를 지속적이고 안정적으로 유지할 수 있게 해주는 사회적 장치"다. 거기에는 대기 삼림 하천 등 생태와 도로 상하수도 전력 등의 사회 인프라, 그리고 교육 의료 사법 금융 등 제도자본이 포함된다. 우자와는 "각 분야의 직업적 전문가가 전문적 식견에 기초해서 직업적 규율에 따라 (사회적 공통자본을) 관리, 운영해야 한다"고 썼다. 위탁이 아니라 신탁(fiduciary), 즉 관리 주체는 독립적이고 자립적으로 운영 관리하되 시민들에게 직접적으로 책임을 져야 하고, 정부는 전문가들이 신탁 원칙에 따라 제대로 관리 운영하는지 감독하고 사회적 공통자본들 사이의 재정적 균형을 유지하도록 해야 한다는 거였다.

96) http://news.unn.net/news/articleView.html?idxno=139105

이승헌 군산대 신소재공학과 교수는 군산대알앤디협동조합을 대학 연구실과 기업 연구실의 중간적인 형태로 규정했다. 수익을 내고 운영을 해야 한다는 점에서는 기업 연구실과 마찬가지이지만 그 목적이 수익에 국한되지 않고 학생의 교육과 취업 등 공익적인 목적과도 부합하기 때문이다. 산학협력단이 대학에 위치한 것과 달리 협동조합은 기업과의 거리가 더 가깝다는 이야기다. 이 교수는 "기존 대학 연구실보다 현장에 접근하고 실질적인 지역의 중소기업 기술경쟁력을 강화시키는 데 효과적이다. 더불어 협동조합으로서 학생을 교육시키고 졸업한 학생을 사원으로 채용할 수 있어 공익성도 가미하고 있는 형태다"고 설명했다. 이 같은 협동조합 모델이 기존 대학 연구소에 비해 유리한 점이 있을까. 이 교수가 꼽은 강점은 연구의 연속성이다. 기존 대학 연구소는 대학원생이 졸업하면서 자연스럽게 후속연구세대가 유입된다.

97) 토마스 베리, 위대한 과업, 117.

98) 세계적 지구유산 스트로마톨라이트 학술 세미나 자료집, 경산
스토로마톨라이트의 과거, 현재, 미래, (대가대 2013, 6월 3일).

99) Duane Elgin(2009), The Living Universe, BK Inc. 새로운 종류
의 공동체 창조하기: 그린 빌리지, 에코 빌리지 176-179.

참고문헌

한병철(2012), 피로사회, 김태환 옮김, 문학과 지성사.

한병철(2014), 투명사회, 김태환 옮김, 문학과 지성사.

제레미 리프킨(2011), 공감의 시대, 이경남옮김, 민음사.66)

정홍규(2006), 우리 한 처음 이야기, 푸른평화.

정철윤(2012), 나는 남들과 무엇이 다른가, 8.o.

정홍규(2010), 평화 생태 이야기, 바오로의 딸.

제레미 리프킨(2011), 엔트로피, 이창의역, 세종연구원.

마하트마 간디(2006), 마을이 세계를 구한다, 김태헌 옮김,
　　　　　　녹색평론사

요시마 순야(2014), 대학이란 무엇인가, 서재길 역, 글항아리.

조희연(2014), 병든 사회 아픈 교육, 한울.

서보명(2011), 대학의 몰락, 동연.

와타나베 이타루(2014), 시골빵집에서 자본론을 굽다, 정문주옮김,
　　　　　　더숲

데이비드 본스타인(2008), 사회적기업가와 새로운 생각의 힘,
　　　　　　박금자 - 나경수 - 박연진 옮김, 지식공작소.

제레미 리프킨(2012), 3차 산업혁명 - 수평적 권력은 에너지, 경제,
　　　　　　그리고 세계를 어떻게 바꾸는가, 안진환역, 민음사.

제레미 리프킨(2010), 공감의 시대, 이경남 옮김, 민음사.

데이비드 C. 코튼(2014), 경제가 성장하면 우리는 정말로 행복해
　　　　　　질까, 김경숙 옮김, 사이.

토마스 베리(2009), 위대한 과업, 이영숙 역, 대화문화아카데미.
　　　　　　144 - 169.

토마스 베리(2013), 지구의 꿈, 맹영선 역, 대화문화아카데미.

토마스 베리와 토마스 클락(2006), 신생대를 넘어 생태대로,
　　　　　　김준우역, 에코조익.

토마스 베리(2011), 그리스도교의 미래와 지구의 운명, 바오로딸.

에드 에이리스(2005), 신의 마지막 제안, 김용수 역, 문예당.

토마스 베리와 브리이언 스윔(2010), 우주 이야기, 맹영선 역,
　　대화문화아카데미.
숀 맥도나휴(1993), 땅의 신학, 황종렬 옮김, 분도출판사,135-143.
정홍규(2005), 우주의 집안에, 하늘북 커뮤니케이션, 209.
브라이언 스윔, 메리 에블린 터커(2012), 우주 속으로 걷다, 내 인
　　생의 책. 리처드 도킨스 외 (2012), 왜 종교는 과학이 되려
　　하는가? 김명주역, 바다출판사.
프란치스코 교황(2014), 복음의 기쁨-현대 세계의 복음 선포에 관
　　한 교황 권고, 한국천주교중앙협의회.
강수돌(2013), 팔꿈치사회-경쟁은 어떻게 내면화 되는가, 갈라파코스.
토마 피케티(2014), 21세기 자본, 정경덕 외 옮김, 글항아리.
박영숙 외 제롬 글렌 테드 고든 엘리자베스 플로레스큐(2014), 유
　　엔미래보고서 2040, 교보문고.

조카 정홍규에게

《마을로 간 신부》의 표지를 보면서 정감 있고 신선한 충격 같은 느낌을 받았습니다. 모두가 도시로 가고 있는데, 깊은 산속에 있던 절도 목탁과 불경으로 가깝게 오는 이 시대에 초지일관 생태평화를 위해 헌신하시는 천주교 신부 정홍규의 글을 읽으니 혼탁한 사회에서 오염되고 옳지 못한 것에 찌든 것을 세탁하고 있는 것 같은 맑은 기운이 온몸에 힘 솟게 해줘서 진심으로 감사드립니다.

예수님도 자기고향 나사렛에서는 존경받지 못했다는 성경 말씀처럼 정홍규 신부님도 경주시 동천마을 그곳 외갓집에서 태어날 때부터 너무나 잘 알고 함께 생활한 외삼촌이자 영세대부인 저는 추천사를 부탁받고 무척 망설이면서 '마을로 간 신부'를 읽어 가는데 지나온 온갖 옛이야기에 저 나름대로의 노파심과 우려, 근심걱정이 모두 부질없는 것이었음을 알게 되었습니다.

경주의 아름다운 도시 소금강 산자락의 동천東川, 외할아버지와 외할머니의 큰사랑과 자연으로 꾸며진 농촌의 친구들 소와 닭, 돼지, 개, 고양이, 염소, 양 그리고 산새가 함께 노닐던 외갓집 마당과 들녘, 목동처럼 소를 몰고 산으로 가고 지게 지고 산으로 나무하러 다니던 이런 꼬마 정홍규. 자연이 마련해준 놀이터에서 한껏 자란 소년은 훗날 푸른 평화를 부르짖는 정홍규 신부의 밑거름이 될 줄은 몰랐습니다. 외삼촌으로 아버지, 어머니의 직접사랑을 받지 못 했던 정홍규 신부의 어린 나이에 못난 형처럼 잘못을 나무라기만 했던 외삼촌. 그러나 외할아버지와 외할머니는 보통 아이들보다 몇 배 더 많이 사랑을 듬뿍 주시어 그 큰사랑이 건강하고 훌륭한 오늘의 정홍규 신부를 있게 한 것입니다. 똑똑하고 예의바른, 공부는 물론 남보다 뛰어나게 모든 것을 잘하는 초·중학교 학창시절에 올바른 신앙심을 갖게 하고 바른길 높은 곳을 갈수 있게 천주교로 영세하게 한 것이 마을로 간 신부의 저자가 되었네요.

그동안 우리 밀 살리기를 한다고 많은 고생을 하시더니 어느 날 오폐수를 정화하는 BMW를 일본에서 도입하여 농, 축산업계를 위해서 많은 공헌을 했지요. 그리고 산골 마을의 폐교를 산자연학교로 만들어 대안학교를 만드신 그 혜안은 누구도 예상과 실천을 못할 일이었지요.

유기농 생태협동조합을 통해 오염된 자연에서 마음 놓고 먹을 수 있는 먹거리를 제공하려한 그동안의 노고도 기억합니다.

우주의 몸살을 치료하는 미래에너지를 위해서 일본의 홋카이도를 방문하고 유채꽃의 꿈을 구상하시는 골 때리는(?) 신부님의 구상에 감탄합니다.

제가 존경하는 노사제가 계셨는데 지금은 멀리 가셔서 기도로만 연락하는 그 사제께서 회갑 날 미사강론에서 "회갑이 되니 이제 인생이 무엇인지 조금 알 것 같다"라는 말씀을 하셨습니다. 정 신부님도 벌써 회갑이 되셨네요.

저는 그렇게까지 된 줄도 모르고 마냥 어린조카신부로 잘잘못을 탓하고 지나친 염려를 했던 것을 요즘 무척 후회합니다.

이제는 신부이면서 후학을 양성하는 교수로서 더 직분이 무거워진 정홍규 신부님의 미래를 위해서 이 책을 출간하였지만 책 속에 지름길이 있습니다.

그 길을 따라가 보면 생각지도 않은 보석 같은 기회를 찾을 수 있습니다. 어리석은 사람은 기회가 왔는데도 모르고 지나가고, 보통사람은 기회가 오면 아차하고 놓치지만, 지혜로운 사람은 그 기회를 꼭 움켜질 수 있게 각별히 신경 쓰실 것을 부탁드립니다.

"고맙습니다. 사랑합니다."

김수환 추기경님의 이 말씀은 그분의 존재를 변함없이 큰 울림으로 각인하신 것처럼 '마을로 간 신부님' 정홍규 신부님의 사랑과 평화의 메시지가 새로운 희망을 발견할 수 있기를 기대합니다. 그런 의미에서 신부님 훌륭한 저서의 일부에 저의 의견을 말씀드렸습니다.

보편적이고 모든 사람에게 사랑받는 마을로 간 신부님 되시길 빕니다.

(주)서광하이테크 대표이사
김인수 F. 사베리오

마을로 간 신부에서
생태우주로 간 신부님 이야기

　1982년으로 기억하고 있다. 로마에서 마지막 논문 정리에 정신없이 헤매고 있을 때 한 교수로부터 한국에서 온 젊은 학생이 우리 학과에 입학했으니 좀 도와주라는 부탁을 받았다. 그런 다음 며칠이 지나 강의실에 나타난 젊은 학생이 정홍규 신부였고 서로 인사를 나누었다. 나의 후줄근한 모습과는 달리 아주 맑고 젊은 사제였고 대구에서 왔다고 했다. 난 유학을 떠나기 전에는 대전 아래로 내려가 본 경험이 없었기 때문에 생소한 도시였다. 그 당시 내가 대구에서 새로운 삶을 시작하리라는 생각은 조금도 하지 못했던 것이다.

　필자는 몬테소리 철학과 함께 학문 세계 속으로 들어갔고 정홍규 신부님은 우주 영성, 우주 생태, 우주 평화, 우주 생태 먹거리라는 우리 시대가 간절하게 요청하는 현실적 주제를 가지고 학문 세계 속으로 들어갔다. 그래서 우주 생태 홍보대사로 때로는 우주 생태를 지지하는 용감한 우주 전투사라는 별명을 가지고 살아가는 대표적인 신부님이 되었다. 몬테소리 철학의 주춧돌 역할을 하는 어린이들을 위한 생태교육, 평화교육을 연구하는 필자로서는 당연히 학문적 공감과 학문적 소통으로 공유하고 공감하는 시간을 가지게 되었다.

오랜 시간 옆에서 정 신부님의 통합적 우주 작업과 공동체 삶에 대한 비전에 진심으로 공감하면서 오늘은 어떤 비전을 가지고 와서 사람을 혼란스럽게 이야깃거리를 만들어갈까? 하는 마음으로 지금까지 만남은 이어지고 있다. 가끔은 혼란스러움과 덮어쓰기 버전, 놀라운 생각, 너무 빠른 초고속 버전을 가지고 사람을 당황스럽고 놀라게 만드는 기술도 뛰어나 나의 모든 것을 정지시킬 때도 있었지만 시간이 흐른 다음에 다시 생각해보면 그런 신선한 비전들이 오늘의 신부님 개인과 학문적 정체성을 만들어 가고 있다는 믿음이다.

이 책은 정 신부가 우리 시대의 간곡하고 애절한 부르짖음을 대변하는 멀티생태유니버스(Multiecounivers)의 총체적 이야기를 수록한 것이다. 이제 우주 생태계의 교란으로 우리 인간들이 우주를 껴안을 수 있는 자존 능력이 상실되었지만 지금이라도 우리 인간들이 어머니의 품처럼 따스하고 진심 어린 사랑으로 서둘러 우주 생태계를 꼭 껴안아 어루만지고 보호하여야 한다는 것이다. 곧 우주생태보호를 위한 긴박한 SOS 메시지를 전달하는 우주 칙령이고 평화 칙령을 담은 이야기이다. 다른 한편으로는 사회 생태학과 인간 생태를 부르짖는 인류공동체를 위한 칙령이다.

한 사제가 가톨릭 범주를 벗어나 범종교적, 범우주론적, 전

관계적 측면에서 범인류애적 영육 건강을 위해서 문자로, 이야기로, 실천으로 의식을 변화시키려는 실천적 노력에 대해 감사드린다. '마을로 간 신부'의 이야기에 귀를 기울이면서 우주 생태와 인간 생태의 건강을 함께 생각하는 지인들과 앞으로 저서를 통해 알아갈 지인들이 모두 우주 생태운동과 우주평화운동에 동참할 수 있는 기회를 주심에 감사드린다.

대구가톨릭대학교아동학과 명예교수
한국몬테소리총연합회회장 **조성자**